AF417737

Publicado por
SIP Producciones
Buenos Aires, Argentina
Copyright © 2020 por Emanuel Picone
emanuelpicone@hotmail.com
Facebook: Emanuel.Picone
Instagram: EmaPicone

Corrección & Edición:
Gretel Brizuela para SIP Producciones

Diseño & Diagramación:
Estudio Niko Rodríguez Pérez
estudionikorodrigoperez@outlook.com

ISBN 978-987-86-2458-7

Impreso en Argentina.
Printed in Argentina.

Categoría: Liderazgo / Formación / Vida Cristiana.

AGRADECIMIENTOS

Al Espíritu Santo que me conmueve y abraza cada día. Por seguir transformando áreas de mi carácter

A las benditas inquietudes por movilizarme a buscar lo eterno, lo profundo...

A mi compañera de la vida, Gretel, por su inquebrantable amor y dedicación... No es nada fácil convivir con un inconformista.

A mis hijos Gianluca y Donnatella por su calidez y capacidad de enseñarme cada día a ser mejor padre

A la Iglesia "Pasión x Su Presencia" y comunidad ÉPICA por enseñarme a ser cada día a ser mejor pastor, hermano y compañero de milicia.

A la CASA DEL NIÑO por darme el privilegio de ser cada día como Jesús y poder desarrollar y servir a los mas vulnerables e invisibles de esta sociedad..,

A mis padres por siempre ver a ese niño que nunca deje de ser...

A Germán Barceló y Mavi Cerain por su amistad y compromiso hacia nuestra Misión.

A la Familia Pedace, familia Dening, familia Ontivero, familia Veltri y a Adrián Farias por su generosidad por la Casa del Niño.

A Maxi y Virshi por su maravillosa compañía y amistad incondicional.

A Anabella y Ludmila González por tiempo invertido en mis escritos.

Y por ultimo a vos, que estas a punto de ingresar en un

tiempo de revisión a muchas de las formas y estructuras que te han conducido hasta aquí, pero quizás te han privando de vivir lo mejor...

Contenido

INTRODUCCIÓN

Los cambios que enfrenta la sociedad, desafía a la iglesia a entender mas que nunca la necesidad de ser luz y sal.
Entender los tiempos y ser relevante es el motor que nos mueve. No solo se trata de no ser arrastrado por la corriente y el sistema de este mundo, sino de seguir siendo fiel a los diseños de Dios en un medio totalmente movido e influenciado por tendencias y principios contrarios.

"Hoy estamos frente un constante cambio de paradigmas. La revolución tecnológica ha calado fuerte en las nuevas generaciones, la posmodernidad ha levantado su voz desafiando y promoviendo un nuevo pensamiento y conductas. Las Redes Sociales, los nuevos movimientos sociales y tribus urbanas. Las ideologías de genero, el aborto, el feminismo, la política descarada, el sincericidio brutal y otras tantas cuestiones nos han expuesto. Bienvenido a una nueva época! La cual nos está exigiendo lo mejor, por lo que deberíamos descubrir si estamos frente a un cristianismo de época o un cristianismo épico."
Para vos, que te sentís un bicho raro, diferente, que no encajas en un contexto
Por esto y mucho mas...
Piensa Diferente / Think Different.

PRÓLOGO

Tanto en la mirada de un niño o en los ojos de la multitud, las palabras y las acciones deben ser congruentes, el principio de integridad sostenido en el tiempo tiene que acompañar el mensaje, los pensamientos y las actitudes abalar una genuina manera de vivir en la vida pública como en la intimidad.

Como separar este libro del conocimiento y la relación personal que tengo sobre el Pastor Ema Picone. Cuando uno lee y sabe a quien lee, le resulta mucho más interesante debido a que los actos del escritor corroboran y dan crédito a sus pensamientos. Este es el caso de Épico. Es una invitación a sentarse en la mesa de una casa de familia que sabe atender a sus amigos y charlar con el anfitrión de temas tan importantes como sensibles para todos, edificándonos y llevando nuestros pensamientos sujetos al pensamiento de Cristo.

Es acompañar en la Casa del niño a un pastor sin religiosidad y con las manos metidas en el barro y con olor a oveja sirviendo el desayuno, el almuerzo y la cena con su familia cuando entendió que el pulpito estaba en el llano y era el servicio diario a aquellos que más lo necesitan.

Al leer Épico dan ganas de buscar a Dios, de buscar su presencia y no nuestro propio criterio, sino el amor de Cristo que abraza y hace salir el sol a justos y a pecadores al mismo tiempo. Es un libro de alguien que pudo dejar de querer lograr ser lo que quería ser, para romper sus propios paradigmas del liderazgo de la iglesia contemporánea y volver a la fuente, al principio.

A los del camino. Ema Picone y su nuevo libro Épico te invita a ser un verdadero seguidor de Jesús en estos tiempos

Germán Barceló.

1.ÉPICO

"Cuando lo cotidiano bajo una mirada eterna se vuelve trascendental, marca época y cumple propósitos.
Aprender a ver la vida más allá de lo que perciben nuestros sentidos naturales nos abre caminos extraordinarios, nos promueve a nuevas épocas y nos responsabiliza ante las generaciones futuras."

Vientos de cambios soplan fuertes. Nubarrones y tormentas mas que pasajeras, nos han traído hasta aquí. El desafío por estar a la altura y seguir siendo un faro en la oscura noche. La innegable condición y misión a la cual hemos sido llamado en la vida. El ser relevante ante tantas voces que emergen, voces que gritan...

 Hoy estamos frente un constante cambio de paradigmas. La revolución tecnológica ha calado fuerte en las nuevas generaciones, el posmodernidad ha levantado su voz desafiando y promoviendo un nuevo pensamiento y conductas. Las Redes Sociales, los nuevos movimientos sociales y tribus urbanas. Las ideologías de genero, el aborto, el feminismo, la política descarada, el sincericidio brutal y otras tantas cuestiones nos han expuesto. Bienvenido a una nueva época! La cual nos está exigiendo lo mejor, por lo que deberíamos descubrir si estamos frente a un cristianismo de época o un cristianismo épico.

¿Épica y/o época?

Épico: "Que es fruto del coraje, esfuerzo o heroísmo y es digno de ser ensalzado".
Época: Fecha de un suceso desde el cual se empiezan a contar los años. Período de tiempo que se distingue por los hechos históricos en él acaecidos y por sus formas de vida. Espacio de tiempo. Temporada de considerable duración.

Épicos fueron y serán aquellos que forjaron huellas, mas que con sus pasos, con su corazón. Aquellos que pagaron precios incalculables, hazañas impensadas que hoy disfrutamos. Aquellos que nunca imaginaron que sus amaneceres cotidianos quedarían registrados en las paginas de lo que hoy recibimos como el legado, como luz. ¡Si! Esa Palabra viva que inspira, enfoca y corrige motivaciones e intenciones del corazón...
Para cada momento, cada paso, por cada pensamiento que conlleva a una acción. Por lo que fue y por lo que viene. Para los precursores, los pioneros, los audaces... por aquellos que vencen el temor, por aquellos que luchan por alzar la bandera de esperanza y el amor son estos escritos...

Épico es el día que naciste y por el cual seguir luchando... Eres mas que un colectivo con un destino determinado. Eres parte de un plan, eres el diseño, el instrumento con metas y caminos específicos. Eres, mas que un montón de sueños a cuestas... Eres un poema para disfrutar e inspirar a muchos, a miles...

No somos el fruto de la casualidad, llegamos hasta aquí por diseño divino.
Hay una "santa rebeldía" frente a un sistema que te atraviesa, te dirige, te manipula. Hay un motor que siempre ha caracterizado a aquellos hombres y mujeres que no transaron, no se hicieron parte del montón, sino que lucharon frente a todo adoctrinamiento sistemático,

a todo dogma temporal y estructural que no tiene respaldo del cielo. Ellos lo hicieron a pesar de la Época, con heroísmo, ¡con coraje y esfuerzo marcaron e hicieron Historia ¡¡¡Hoy nosotros también vamos a sobrevolar los tiempos!!!

Cada día es ÉPICO, simplemente no los has reconocido, no has actuado de acuerdo a tu capacidad de percepción, simplemente no te has dado cuenta...
¡No eres anónimo! ¡¡¡Tu eres ÚNICO, eres ÉPICO y marcaras una ÉPOCA!!!

#Épico #Época

2.LA DEPRESIÓN

-Por favor ora por mi...
Tal fue el mensaje que recibí aquella madrugada de un pastor.

Crecemos adoptando posturas, gestos y bien sabemos comunicarnos a través de eslogan y muletillas. Todo un plan perfecto de la maquinaria de disimular, aparentar lo que bien sabemos que no somos. Claro, nadie pone su peor cara frente a las "demandas" de la vida, nadie publica una fotografía con su peor perfil, esas que están guardadas bajo siete llaves en una vieja cajonera de un cuarto...

La depresión tiene muy mala fama, nadie quiere hablar de ella, nadie la toma en cuenta, nadie desea ser su amigo o aliado, pero ella nunca falta, nunca llega tarde. Siempre al alcance de la mano, esperándote a la vuelta de la esquina para tomarte por asalto.
Ella no discrimina...
Está con el pastor, con el verdulero, con el policía, con el afamado artista, con un niño del barrio, o simplemente confinada a un consultorio psicológico al cual pocos quieren ir...

¿Quiénes fueron los siervos de Dios que sufrieron depresión?
Moisés, Ana, Elías, Job, Saúl, David, Ezequías, Jeremí-as, Jonás, Pablo, y muchos más.

Moisés el gran líder que se quería morir.

Este gran hombre de fe, un verdadero modelo de quien se dice que «se sostuvo como viendo al Invisible» (Hebreos 11:2) muchas veces se sentía cansado (estresado) de la incredulidad y la desobediencia del pueblo, de las constantes quejas, las criticas y las continuas contiendas.

Estaba abrumado por el peso de la responsabilidad. Se sentía muy solo. Estaba realmente agotado. Su espíritu desfallecía.

"Y dijo Moisés a Jehová: ¿Por qué has hecho mal a tu siervo? ¿Y por qué no he hallado gracia en tus ojos, que has puesto la carga de todo este pueblo sobre mí? ¿Concebí yo a todo este pueblo? ¿Lo engendré yo, para que me digas: Llévalo en tu seno, como lleva la que cría al que mama, a la tierra de la cual juraste a sus padres? ¿De dónde conseguiré yo carne para dar a todo este pueblo? Porque lloran a mí, diciendo: Danos carne que comamos. No puedo yo solo soportar a todo este pueblo, que me es pesado en demasía. Y si así lo haces tú conmigo, yo te ruego que me des muerte, si he hallado gracia en tus ojos; y que yo no vea mi mal. Entonces Jehová dijo a Moisés: Reúneme setenta varones de los ancianos de Israel, que tú sabes que son ancianos del pueblo y sus principales; y tráelos a la puerta del tabernáculo de reunión, y esperen allí contigo.
Y yo descenderé y hablaré allí contigo, y tomaré del espíritu que está en ti, y pondré en ellos; y llevarán contigo la carga del pueblo, y no la llevarás tú solo." (Números 11:11-17 RV 1960)

Jesús tuvo su larga noche...
Jesús tuvo su depresión! Sino pregunten en el huerto de Getsemaní, (Mateo 26:36-39), allí donde la tristeza tuvo el control de la noche, donde el rol de salvador estaba en juego y todos sus íntimos amigos dormidos. Jesús mismo pidió ayuda tres veces, pero no la hallo!

El no se enojo, simplemente asumió que la voluntad del Padre estaba por encima de cualquier emoción y sentimiento.

La depresión, como bien lo define el diccionario: "Enfermedad o trastorno mental que se caracteriza por una profunda tristeza, decaimiento anímico, baja autoestima, pérdida de interés por todo y disminución de las funciones psíquicas"; es una enfermedad que se manifiesta de forma muy distinta en cada persona, con matices muy diferentes, por lo que es muy difícil su clasificación. Un primer acercamiento a este tema nos permite diferenciar entre depresión endógena y exógena.

La depresión endógena es la que se crea dentro de nuestro cerebro, sin necesidad de que exista un factor externo y que suele depender, en la mayor parte de los casos, de cambios fisiológicos en el cerebro. Sin embargo, la depresión exógena se produce como consecuencia de acontecimientos externos, como puede ser la muerte de un ser querido, una ruptura de pareja o la pérdida de nuestro trabajo.

La depresión es congénita, mayormente conocida como depresión endógena suele tener un componente genético, por lo que, si existe una tendencia familiar hacia la depresión, puede influir, pero no es un factor determinante, ya que entra en juego también el entorno en el que vivimos cada uno de nosotros.

Ahora, sin entrar en términos científicos podemos reconocer que muchas veces somos conducidos por la tristeza, por la crisis de auto estima, por la melancolía, el desanimo y abatimiento, pero no podemos detenernos en esta estación de la vida.

Hasta no hace mucho tiempo atrás, era reducida y abreviada a un tiempo de liberación y ministraron espiritual. Peor aun, muchas veces dentro del ámbito del cristianismo no era considerada ni tomada en cuenta, pero hoy Dios ha traído luz.

David y sus valles.
El salmista David dice:
"Aunque ande en valle de sombra de muerte,
No temeré mal alguno, porque tú estarás conmigo;
Tu vara y tu cayado me infundirán aliento." (Salmo 23:4
RV1960)

"Echa sobre Jehová tu carga, y él te sustentará;
No dejará para siempre caído al justo. (Salmos 55:22
RV1960)

Podemos andar en valles de depresión, ¡sí! Pero no quedarnos, ¡¡¡no podemos detenernos!!!

¿Quien es tu vara y tu cayado? ¿Quien es la mano de Dios en este tiempo para levantarte?

¡Dios pone personas, amigos para levantarte! Y si no tienes alguien en quien apoyarte, pide ayuda, no te escondas, no te aísles. Busca una comunidad cristiana donde te hablen del amor que Dios tiene por ti, que levanten tus brazos. Porque quizás seas otra víctima de la "tristeza prolongada" que te atrapará y no querrá que te levantes. Lucha por tu vida, por tus seres queridos. ¡No permitas que los fantasmas sean mayores que la esperanza!

¡Busca ayuda! ¡Yo pasé por ese valle de sombra y muerte, se lo que es sentirse así, pero vencí!

Recuerda: "Toda cima tiene su cuota de depresión. A toda montaña la antecede un valle"

"Atravesando el valle de lágrimas lo cambian en fuente. Irán de poder en poder. Verán a Dios en Sion" (Salmo

84:6 RV1960)

"La depresión es una adicción a la voz equivocada."

¡Enfócate en la palabra de Dios, hazte adicto a la verdad. Vive de acuerdo a lo que Dios dice que eres y disfruta de tu identidad como hijo, como hijo amado!

¡¡Te bendigo en el Nombre de Jesús!!

#Épico #Depresión

3. PARA MI AMIGO EL GAY

(La otra cara o ceca de la Iglesia)

Juzgar, señalar y discriminar...

Los tiempos que nos atraviesan, son tiempos de sincericidio. Estos han llevado a mucha gente a reconocer sus traumas, sus dificultades, sus dolencias al punto de exponerse ante mucha critica por no saber entender con profundidad la raíz del problema, el verdadero dolor, en fin... nos terminamos erigiendo jueces de una sociedad que paga por vivir lejos de Dios, lejos de su amor...

Con cuanta facilidad señalamos el error de los que no se ajustan a la moral, y valores del "Reino" de Dios. Fácilmente identificados porque no tienen la mas mínima intención de aparentar ni maquillar o disimular lo que son o dejan de ser.
Quienes, con todas sus dificultades se muestran tal como son, genuinos, admitiendo sus torpezas, errores y aun aquellas cosas que nosotros tan fácilmente juzgamos...

Hoy quiero dedicar un tiempo especial a un viejo amigo, que conocí hace unos años atrás, Sergio Gabriel. Siempre le recuerdo con su sonrisa, siempre alegrando a todos. Mientras el mundo giraba, El, destruído a raíz de abusos continuos y violaciones...

No tengo mucho mas por decir, solo quiero dejar que un posteo en su Red Social te hable desde lo profundo de su corazón... y te animo a que, después de haberlo leído, saques tus propias conclusiones...

"Ayer respondí a un post que decía: "Es mi último post, se termina mi vida". Más allá de pensar que solo era alguien que pretendía llamar la atención, respondí, desde mi vivencia personal. En tres ocasiones, sin éxito, había pensado en el suicidio como única salida. Me sentí conforme al intentar ayudar a quien estaba atravesando por ese camino tenebroso. Cada posteo que hago en referencia a mis vivencias, tienen que saber que es desde lo procesado, asumido y superado. Fui víctima en reiteradas ocasiones de abusos sexuales, y uno me marcó para toda la vida, no solo porque se llevó a cabo la penetración, sino por todo lo que vino después.

Con 8 años me encontraba en una habitación con dos primastros, uno que me doblaba en edad y otro que era más chico que yo, solo recuerdo que en un momento tenía al mayor encima de mí, y yo no hacía otra cosa que gritar. Cuando todo terminó, entró mi padrastro, se sentó al lado mío a seguir mirando televisión, como si nada hubiera pasado, entonces entró la madre de mi primo más chico, y él le contó lo que me había hecho, ella mira a mi padrastro y le dice, acá pasó algo muy malo, entonces recuerdo que moría ya del miedo, ella se lo dice, y él me mira y de una trompada me rompe la nariz, gritaba que eso era mentira, que yo era un mentiroso, y salió en busca de su sobrino para que le dijera que no era verdad, yo del miedo, decía que era mentira, que a mi no me había pasado nada, en eso, me sacan fuera de la casa, y me veo rodeado por la madre de este primo, por su hermana, mi madre, mi primastro el más chico, y yo mirando al cielo porque no paraba de sangrarme la nariz, todos diciendo que lo que había dicho de este primo era mentira, yo lloraba. Entonces mi padrastro me vuelve a meter dentro, y me da un golpe en la cabeza con un palo de escoba, de ahí, mi cicatriz en la

mollera de la cabeza de 4 puntos, solo recuerdo que al otro día en el barrio comenzaron a llamarme "Marilú" ya no era Sergio, era Marilú. Marilú fue abusado por casi todos los chicos de la cuadra, en un campo de futbol, en una gomería, en un gallinero, en el cumpleaños de un hermano, en el colegio, en un descampado, a los 8 años yo ya pensaba en el suicidio como una puerta de escape...
 Gabriel 28 años después"

¿Cuanta capacidad tenemos de entender al herido, al abusado, al violado? Tan fácilmente le señalamos y nos llenamos la boca diciendo: Es Pecador, es homosexual...

"Tal vez crees que puedes condenar a tales individuos, pero tu maldad es igual a la de ellos, ¡y no tienes ninguna excusa! Cuando dices que son perversos y merecen ser castigados, te condenas a ti mismo porque tú, que juzgas a otros, también practicas las mismas cosas. Y sabemos que Dios, en su justicia, castigará a todos los que hacen tales cosas. Y tú, que juzgas a otros por hacer esas cosas, ¿cómo crees que podrás evitar el juicio de Dios cuando tú haces lo mismo?" (Romanos 2:1-3 NTV)
¡Hemos aprendido tan fácilmente la tarea de señalar, discriminar que tristemente perdimos la sensibilidad de llegar a las victimas de una sociedad separada de Dios! Claro, desde un pedestal de santurronería obviamos nuestras propias calamidades y bajezas. ¡No reconociendo que no hay pecado chico o grande para Dios! Pero nosotros si logramos tabularlos y categorizarlos. Identificamos y sentenciamos pecados que son muy visibles pero somos muy complacientes con aquellos que están bien ocultos dentro nuestro. Pero Dios esta trayendo mas luz a todo esto!

Cuando la próxima vez tengas la "necesidad" de señalar, discriminar o juzgar, recuerda que Cristo no vino para

eso, sino para buscar y salvar lo que se había perdido. (San Juan 3:16-17) ¡Recuerda que lo vil y despreciado del mundo como Yo, es su especialidad en estos tiempos!
Yo ya comí de su mesa, su mantel de GRACIA cubrió mi discapacidad emocional y espiritual ¡Ahora voy a compartir de Su AMOR con aquellos por los que JESÚS dio la vida también!

¿Cara o ceca? O ¿Cara o cruz?
Dos caras de una misma moneda. La diferencia no la hacen los méritos sobre el cual construimos cada día nuestra vida, sino la gracia derramada sobre nosotros.

Callen a ese loquito...

¡Muchas veces me lo han dicho! Pero mientras tanto la Iglesia no sabe como reparar y enfrentar el mundo que se viene... Tan fácilmente recurre a "Cristo viene pronto" y así no asumimos el rol al cual Dios nos llamo, a reconciliar, a amar, ¡¡¡a buscar al perdido!!! Claro, los queremos, prolijitos, ¡sanitos y sin olor en lo posible! ¡Pero para el mundo que viene, no se si la Iglesia esta entrenada para recibirles... Dios nos ayude! Abortivas, Homosexuales, Lesbianas, Transexuales, Divorciados, Adictos, etc.
¿Cual será el rol que desempeñaremos, Juzgar o amar?

¡La obra de transformación la hace el Espíritu Santo! ¡¡¡Nosotros solo tenemos que amar como Cristo nos ama a nosotros!!!

#Épico #Amigo #Gay

4. UN PAÑUELO POR FAVOR. . .

"Después de una audiencia de más de dieciséis horas, la propuesta fracasó en las primeras horas del 9 de agosto en una votación que terminó 38 a 31, con dos abstenciones." (Así redactaba el New York Times en su cabecera del diario matutino).
Las portadas de los diarios de Argentina y el mundo hacían eco a la trascendente noticia: ¡no hay aborto legal seguro y gratuito!

El ministro de Salud del presidente Mauricio Macri, Adolfo Rubinstein, testificó en el Congreso a favor de la despenalización y calcula que cada año se realizan alrededor de 354.000 abortos clandestinos en el país.

Aquel 8 de agosto de 2018 fue un día largo. La cámara de Senadores de la República Argentina después de muchas horas de debate decidió No Aprobar la Ley del aborto.
Fue histórico el momento aquella madrugada del día 9, en la que se replicaba en los medios masivos de comunicación y redes sociales, tal magna decisión.
Se avistaban multitudes allegadas y conglomeradas alrededor del parlamento argentino desde tempranas horas acompañando.
Dos bandos bien definidos enmarcaban tal acontecimiento.

Tanto se ha hablado acerca de esto y se seguirá hablando. Algunas personas me preguntaban qué pensaba yo acerca de esto, ya que hasta ahora no me había expresado y hoy si, necesito expresarme.

"La noche de los pañuelos". ¡Como así la defino!
La noche de la algarabía de los vencedores y la tristeza de los vencidos, confluían en una imagen de una Nación dividida, exponencialmente separada por ideales.

¿Celeste o verde?
Yo no tengo ningún pañuelo de color, yo tengo una bandera que levantar cada día, y ya no esta identificada con colores verde o celeste, es la bandera del amor.

No me metan en la grieta, en una discusión binaria. No es una decisión simplista como si fuera ¿Barrabas o Jesús?
Yo no puedo salvar las 2 vidas, pero si conozco a alguien que, si quiere salvar las 3 vidas ¡La tuya, la mía y la de ellos! Conozco a Alguien que quiere salvar miles... No sea cosa que, bajo el espíritu triunfalista, salvando a la mamá y al bebé perdamos y ahuyentemos sin querer a aquellos por los cuales también Jesús dio su vida y terminemos excluyéndolas del camino del amor y compasión.

¡No me suban a ningún colectivo! Para mi no esta en discusión la vida. ¡Todos, Si todos! Amamos la vida y sabemos el dolor de la muerte y sus consecuencias! Pero necesitamos abrir nuestros ojos y saber que nuestra lucha no es en los ámbitos que últimamente frecuentamos. ¡Nuestras batallas se ganan de rodillas y diciendo venga tu Reino, hágase tu voluntad! ¡Ah! ¡Y si por si acaso alguno cree que Dios dejó de ser soberano y se llenó de ansiedad y temor, avísenle que todo o nada ocurre sin un propósito en esta vida!
¡Ahora! No quiero caer en el pensamiento facilista de ver al otro bando como los criminales, los abortistas. Quiero verlos como los ve Jesús, ya que El conoce su historia. Sabe de sus dolores, sabe sus padres ausentes, abusos y

violencias vividas, todo tipo de carencia familiar.

¡Por favor! ¡Entendamos que la verdadera lucha no se dirime en el parlamento sino en nuestro corazón cuando le damos a "esas" personas la posibilidad de sentirse amadas y aceptadas, aunque no piensen como nosotros!
Ahora, ¿como nos oirán después de habernos cruzado de vereda después de haberles gritado en la cara bajo un efecto triunfalista?
¿Como pensaran como nosotros si no tienen una mente regenerada? No esperemos que vean la vida como nosotros...No tienen la mente de Cristo.
¿En que caravana me subo? Me pregunto una señora... a lo que yo le respondí... en la que estaría Jesús!!!
¿Un pañuelo? ¡No! Yo levanto mi bandera. La bandera del amor

Si me preguntan: ¡¡¡yo elijo por la vida!!!
Si ganamos el debate, pero perdimos a la persona, ¡perdimos!
#Épico #UnPañuelo #VerdeOCeleste

5. AL AEROPUERTO POR FAVOR

(El día de la pequeñez)

Corría el año 2002, Argentina transitaba una fuerte crisis social y económica. Yo me encontraba a unos pocos meses de haber ingresado como estudiante en el CCDMAC, fundado en México en el año 1994 por Marcos Witt, hoy conocido como Instituto CanZion.

La condición de crisis también golpeaba mi economía doméstica. A punto de flaquear y bajarme de este proyecto académico, me encontré frente al desafío de administrar el área de vida estudiantil y lugar de residencias de todos los ingresantes del interior y exterior del país, gracias a la generosidad de Gustavo Vázquez, fundador y director general en Argentina. Primera extensión de las muchas que se abrirían años siguientes en el mundo.

La oportunidad fue un oasis ante tanta sequía, y así con mis ganas de servir a dicha institución inicie un viaje de tantas aventuras.

Tengo tan guardado en mi retina vivencias, experiencias miles, que han calado a fondo en mis recuerdos, que sería muy extenso. Pero quiero subrayar un hecho épico en mi vida, de esos que son de tanta inspiración que quise registrarlo.

No era un mediodía corriente, para aquel jovencito flaco y alto de 18 años recién cumplidos, con apenas un precario curso acelerado de castellano de 6 meses dictado por una profesora de su ciudad. Viajaba con mucho más que aspiraciones académicas o experiencias ministeriales. Llevaba mas que una maleta llena de ropa, una guitarra a cuesta y unos cuadernos en blanco para escribir un nuevo tiempo, su historia.

Era el 1 de agosto de 2002, en el Aeropuerto internacional de Ezeiza, siendo las 12.05 aterrizaba proveniente de Río de Janeiro Brasil junto a su padre, Marcos da Costa Brunet, como así figuraba en aquel cartel improvisado que aquella mañana prepare para recibirles. Un breve relato con sus detalles de aquel día como los que comenzaría en esa nueva temporada ministerial y laboral en mi vida.

Marcos, se subió a mi pequeña camioneta en la parte trasera separado por una rejilla y su padre al lado mío, en el asiento de acompañante. Podía ver en sus ojos húmedos, un sin fin de emociones y anhelos por alcanzar. Su escueto castellano y su magra pronunciación hacían de esa experiencia algo muy significativo para la ocasión.

Hoy han pasado 18 años... Mucha vida, muchas experiencias que nos han traído hasta aquí. Yo me volví a encontrar con Marcos. Ya no es ese muchacho con la precariedad de su nuevo idioma ni la adaptación de una nueva tierra y objetivos por alcanzar. Marcos es hoy un hombre que, con su determinación, la misma que lo trajo a Argentina, abre el cielo, es un altar vivo donde el fuego de Dios desciende.

¡Por muchos Marcos que Dios levanto y seguirá levantando... Oramos y trabajamos!

No menosprecies el día de la pequeñez...

Toma en cuenta esto:

No menosprecies lo cotidiano, no tengas en poco tu labor y misión en la vida, porque, al igual que a mí, te podrías encontrar sirviendo a un fiel diseño, a un plan supremo. Yo sin saberlo, ese mediodía como un simple chofer, me encontré cargando maletas a un hombre de Dios trascendente para mi vida, para tu vida y las próximas

generaciones.
¡Gracias por la vida de Marcos Brunet!
¡Gracias Dios por dejarme servirte!
Recuerda, cada día es Épico y marcará época...

#Épico #Pequeñez #Cotidiano

6. YA NO ME ESCUCHAN

¡¡¡Mis hijos ya no me escuchan... Tranquilo, te están observando!!!

Vivimos una era muy particular. ¡Los niños pasan más momentos frente a las pantallas que lo que solíamos hacer nosotros hace no mucho tiempo atrás! Es muy común escuchar a nuestros niños decir: quiero ser Youtuber´s, Instagramer´s, Influencer, etc

Expertos en la materia afirman que el tiempo que le dedican hoy los niños a las redes sociales, vídeos y game's por día es comparado con lo que nosotros (generación 70 - 80) en los inicios del siglo XXI le dedicábamos un mes.

¿Estamos en problemas? ¡No! Si sabemos encausar el fin de todo esto.

Pero quiero sacarle un provecho a esta data.

Los tiempos cambiaron y siguen cambiando velozmente.

Nadie parece escuchar a nadie. ¡El instituto Nacional de Estadísticas y Censos en la Argentina (INDEC) arrojaron datos que la carrera universitaria en Argentina más estudiada es la Psicología! Dato relevante por si acaso.

Por lo cual podríamos deducir qué hay una gran necesidad en la sociedad de ser escuchados.

Ahora también podríamos afirmar que en esta éneración de tablets, celulares y todo tipo de Smart, lo más utilizado por la gente en su manera de expresarse no son las palabras, sino las imágenes y emoji's. Entonces porque caer en la ligereza de creer que el prestarte atención está supeditado al escucharte si lo visual pareciera ser más predominante

que lo auditivo. Por eso mismo, más allá de la selfie y los editores de imágenes, tus hijos, tus amigos, tu entorno, ya no te escucha, te está observando...
La vida no es una foto instantánea, la vida es movimiento, ¡es una película donde el guion que escribes a diario será de inspiración y ánimo o lo será de indiferencia y vergüenza! ¡Por eso! ¡¡¡Mis hijos ya no me escuchan... Tranquilo, te están observando!!!

Recuerda, no solo hay que ser sino también parecer...

#Épico #MisHijos #YaNoMeEscuchan

7. ¿CONSUMADO ES?

"Entonces Jesús les dijo a las multitudes y a sus discípulos: «Los maestros de la ley religiosa y los fariseos son los intérpretes oficiales de la ley de Moisés. Por lo tanto, practiquen y obedezcan todo lo que les digan, pero no sigan su ejemplo. Pues ellos no hacen lo que enseñan. Aplastan a la gente bajo el peso de exigencias religiosas insoportables y jamás mueven un dedo para aligerar la carga. (Mateo 23:1-4 NTV)

En la actualidad, muchos están desencantados con todo aquello que se identifique con religión. La gente, en su gran mayoría, no quiere saber nada con esta y mucho menos con aquellos que la promulgan.

Hace unos años atrás, las inquietudes y las viejas experiencias despertaron interrogantes, muchas preguntas que me llevaron a profundizar acerca de todo esto.

Una mirada introspectiva, me condujo hacia la confrontación personal de paradigmas, estructuras y tradiciones tan practicadas, tan aceitadas en nuestras comunidades, por lo que en un principio me vi muy fuera de la comunidad, fuera y lejos de estas practicas.

Al correr el tiempo esa misma voz fue trayendo sanidad, claridad y siendo respuesta a muchas de las ínquietudes que al igual que a mi, muchos hoy están muy lejos del verdadero sentir del Reino de Dios.

Primero que todo, déjame esbozar las palabras de Santiago al decir que: "La verdadera religión, la que es pura y sin mancha es atender a los huérfanos y a las viudas en su dolor" y ya con esto estamos en deuda...

Claramente confundimos la GRACIA con la posibilidad de acceder a cualquier impulso o pasión de la vieja naturaleza, es decir los deseos y "gustitos" de la carne, ¡y esto no es así! Pero también del mismo modo caemos en la rigurosidad de aplicar la LEY construyendo estilos de vida basados en la meritocracia, es decir, ¡acumular méritos para sentirnos plenos y libres de culpa!

¿Podemos desechar el Antiguo Testamento?¡Por supuesto que no! Pero pareciera que algunos siguen solamente viviendo y pregonándolo. Son a los que yo llamo la iglesia del AT.

Necesitamos entender que Jesús tomo nuestro lugar, pago por nuestras culpas y se bautizo para que en El se cumpliera toda la Ley, dando por acto de clausura al Antiguo Testamento. Entonces, ¿por que se sigue predicando de lo que Jesús exclamo en la cruz al decir: "consumado es"? ¡Definitivamente estamos dando nuevamente relevancia a lo que ya quedo prescrito y sentenciado en la muerte y resurrección de Cristo!

Todo aquello que se mueva dentro de este contexto esta fundado en una raíz de ORGULLO y ARROGANCIA ESPIRITUAL, y va sobre los hombros de hombres que no han conocido la Gracia de Dios, ni se les ha revelado Cristo, ¡y se erigen muchas veces como jueces y dictadores de sentencias sobre conductas humanas! Hombres amables, cariñosos pero implacables frente a la naturaleza caída de sus semejantes. Siendo aun mas devotos a las doctrinas de Pablo que a la GRACIA de Jesucristo. Como en el tiempo del Cesar, suben o bajan el pulgar...

Préstame atención. ¡¡¡La GRACIA no comenzó con el Nuevo Testamento, sino a través de la muerte de Jesús!!! Todo lo anterior, es decir su nacimiento, su temprana juventud y el comienzo de su ministerio con todos los relatos registrados por los evangelios, y anunciado previamente por los profetas; y todas las experiencias con diferentes personas SE ENCUENTRAN DENTRO DEL TIEMPO DE LA LEY, (pertenecen al Antiguo testamento). Por lo tanto, la muerte y resurrección inauguro la nueva temporada, ya que sin sacrificio no hay remisión de pecado y Cristo pago al morir en la Cruz.

Dios nos libre de caer en esta condición, ya que muchos han sido apartados, muchos heridos a causa de no haberles enseñados acerca de El AMOR de Dios a través de Jesucristo, sino mandamientos de hombres con cargas pesadas que ni aun ellos con un dedo quieren mover...

LA ARROGANCIA Y EL ORGULLO ESPIRITUAL, tan metido entre nuestras filas, han sido uno de los motivos por lo cual hoy la Iglesia de Cristo esta a la altura de otras de las tantas religiones, siendo considerada como otra opción frente a la necesidad de muchos por liberar culpas y aligerar conciencias.
Pero déjame decirte que: ¡¡¡No somos una comunidad EXCLUSIVA!!!
La iglesia que Dios esta levantando en estos tiempos es una Iglesia de INCLUSIÓN Y AMOR POR LOS PERDIDOS...

Oración:
Dios líbrame de la ARROGANCIA Y EL ORGULLO ESPIRITUAL, dame tu corazón por aquellos que ya la sociedad acepta, pero la "Iglesia" todavía sigue discutiendo y señalando...
¡Que podamos entender el verdadero significado de CONSUMADO ES!

#Épico #ConsumadoEs

8. DIOS HA MUERTO

La decadencia moral, los valores perdidos, la distante y fría relación con lo eterno sigue demostrando que Dios, definitivamente, ha muerto.

Frase que hace alusión a lo publicado en 1882 como la primera parte de "La Gaya ciencia". Por Friedrich Wilhelm Nietzsche.

Frase polémica, pero certera al ver una sociedad fundada sobre los valores que rechazan las enseñanzas y modelos cristianos.

Dios ha muerto, en la familia, en las escuelas, en los trabajos, en el respeto, en los gobernantes, en las instituciones, en las relaciones, etc., etc., etc...

El materialismo es el "todo". La ambición, el afán por los bienes terrenales nos han alejado tanto de Dios y sus enseñanzas. El narcisismo en su máxima expresión. Los valores y la mirada eterna tan distraídos como si el día de mañana nunca llegara.

Dios ha muerto y lo veo en la cara de los niños que perdidos en sus pantallas tecnológicas buscan ese sentido a la vida que sus padres no les saben contar.

Dios ha muerto cuando veo que en la era de la comunicación cada día estamos más retraídos, solos e incomunicados.

Dios ha muerto y se nota en la continua denigración de la mujer como objeto.

Dios ha muerto y se nota en las frías salas de hospitales donde los miles de personas agonizan sin esperanzas.

Dios ha muerto y se evidencia en la falta de carácter y

compromiso de los hombres por superarse.

Dios ha muerto y lo veo en la desidia de los gobernantes.

Dios ha muerto y lo observó en la corrupción de los dirigentes.

Dios ha muerto cuando creo que la cultura del trabajo y el esfuerzo ya no "garpa"

Dios ha muerto cuando escucho como las adicciones matan a miles de jóvenes.

Dios ha muerto y lo siento en la frialdad de las relaciones humanas.

Dios ha muerto y se nota en el egoísmo y la descabellada exaltación del "yo".

Dios ha muerto cuando la solidaridad y el amor al prójimo no es moneda corriente.

Dios ha muerto cuando ya no se le cede el asiento a un mayor y se saluda a un vecino.

Dios ha muerto y se ve en las crecientes demandas de nuevas cárceles.

Dios ha muerto cuando cada día los titulares de diarios y portales de noticias se abarrotan de violencia, actos delictivos y muertes.

Dios ha muerto cuando el interés personal priva por encima del familiar y colectivo.

Dios ha muerto y se refleja en el crecimiento pronunciado de divorcios y relaciones sin compromisos.

Dios ha muerto cuando veo el protagonismo que toman los ideales políticos, el futbol y otras pasiones por encima de la hermandad y el buen compañerismo.

Dios ha muerto, cuando la tendencia, más que nunca, es creer que uno vale por lo que tiene y no por lo que uno es.

Dios ha muerto cuando la gente no funda su vida en Dios como "fuente de toda razón y justicia". (preámbulo de la Constitución Nacional Argentina).

Por esto y mucho más puedo afirmar que Dios ha muerto...

Pero lo más triste:

Dios ha muerto cuando la iglesia (representante de Dios en la tierra) cada día más "profesional" invierte en edificios e instalaciones y se aleja de las enseñanzas del creador de la iglesia. Encerrándose dentro de las paredes, programas y estructuras que siguen demostrando en la sociedad que Dios ha muerto.

Si alguien puede decirme que él vive, por favor háganmelo saber, ya que esta sociedad vive como si definitivamente Dios hubiera muerto.

#Épico #DiosHaMuerto

9. FEMINISMO

¡Vivimos tiempos de feminismo!

Época de mucha confrontación en la sociedad en cuanto al lugar que debería ocupar la mujer en la sociedad. Dentro de una cultura machista y patriarcal hay tanto por hacer, y no tanto por decir...

Aún dentro del ámbito de la iglesia durante tantos años ya se prohibía a la mujer hablar en la asamblea, (mal interpretando el texto de 1 Corintios 14:34-35 y sacándolo del contexto), y sometiendo e inculcando a la mujer simplemente a tareas de servicios (que no fueran muy visibles en las congregaciones) poniéndoles a ellas a un nivel inferior a la de los hombres.

Hoy todavía seguimos relegando a las mujeres a tareas domésticas camufladas con ropas eclesiásticas...

Pero frente a esta creciente tendencia global, donde se corre el peligro de cruzar al otro extremo y aún con síntomas de revancha y violencia, podemos encontrar en la Palabra de Dios consejo para el ahora

"La mujer sabia edifica su hogar, pero la necia con sus propias manos lo destruye."

¡Necesitamos mujeres sabias!

Dios da altísima relevancia al rol de la mujer en la sociedad. Al punto que determina que quien define la calidad de un hogar es la mujer y no el varón. ¡Dice Dios que de ella depende el hogar! Y con esto vale aclarar que no dice la casa, la vivienda o el lugar donde una habita, sino los vínculos, las relaciones, en fin, esa calidez que una mujer sabe brindar por excelencia.

Para todo lo demás está la tarea del varón, (proveedor y como primera fuente de ingreso)

Ahora, yo celebro por aquellas mujeres que siempre supieron interpretar su rol en la familia, en la sociedad, en la iglesia. Que entendieron que su lugar no es estar por debajo ni por encima del varón sino al lado. ¡Acompañando, creciendo y aprendiendo cada día a ser cada uno mejor en el propósito por el cual Dios los creo a ambos!

"¿Quién podrá encontrar una esposa virtuosa y capaz? Es más preciosa que los rubíes. Su marido puede confiar en ella, y ella le enriquecerá en gran manera la vida. Esa mujer le hace bien y no mal, todos los días de su vida. Ella encuentra lana y lino y laboriosamente los hila con sus manos. Es como un barco mercante que trae su alimento de lejos. Se levanta de madrugada y prepara el desayuno para su familia y planifica las labores de sus criadas. Va a inspeccionar un campo y lo compra; con sus ganancias planta un viñedo. Ella es fuerte y llena de energía y es muy trabajadora. Se asegura de que sus negocios tengan ganancias; su lámpara está encendida hasta altas horas de la noche. Tiene sus manos ocupadas en el hilado, con sus dedos tuerce el hilo. Tiende la mano al pobre y abre sus brazos al necesitado. Cuando llega el invierno, no teme por su familia, porque todos tienen ropas abrigadas. Ella hace sus propias colchas. Se viste con túnicas de lino de alta calidad y vestiduras de color púrpura. Su esposo es bien conocido en las puertas de la ciudad, donde se sienta junto con los otros líderes del pueblo. Confecciona vestimentas de lino con cintos y fajas para vender a los comerciantes. Está vestida de fortaleza y dignidad, y se ríe sin temor al futuro. Cuando habla, sus palabras son sabias, y da órdenes con bondad. Está atenta a todo lo que ocurre en su hogar, y no sufre las consecuencias de la pereza. Sus hijos se levantan y la bendicen. Su marido la alaba: «Hay muchas mujeres virtuosas y capaces en el mundo, ¡pero tú las superas a todas!». El encanto es engañoso, y la belleza no perdura, pero la mujer que teme al SEÑOR será sumamente alabada. Recompénsenla por todo lo que ha hecho. Que sus obras declaren en público su alabanza."

Fomentemos e impulsemos a las mujeres a desarrollarse y ocupar esos lugares de eminencia dentro de nuestros ámbitos. Ellas tienen tanto por hacer y decir. Podemos aprender de Ellas.

Dios bendiga a las tantas mujeres que, con esfuerzo y dedicación, supieron traernos hasta este presente. Y aquellos que no tuvieron a esta clase de mujer al alcance de su vida, procuren con diligencia trabajar para que la próxima generación disfrute del privilegio de tener muchas más mujeres sabias.

#Épico #Feminismo

10. LA FOTO MÁS BELLA

Quien no ha posado para una fotografía. Quien no ha puesto su mejor cara, su mejor pose para ese retrato que inmortaliza momentos, vivencias...

Cuanto mas valor añadido tienen esas viejas fotos cuando no había posibilidad de retoques y edición. Cuan diferente lo es hoy, donde la tecnología nos brinda la posibilidad de rehacer y editar en cuestión de segundos con filtros, colores y emoji's las mismas, y esto es maravilloso.

Ya desde niños aprendemos a gesticular, a conocer nuestro mejor perfil, nuestro mejor atuendo y así vamos definiendo nuestro selecto álbum de retratos. Pero la vida no es una foto, no es una imagen guardada en un celular o en la retina de nuestros ojos. La vida es mucho mas que un instante, no es una pose con la mejor luz y fondo, aun con todos sus detalles bien resueltos; la vida es movimiento y muchas veces nos encuentra con nuestro peor rostro, con la peor postura y el desdichado atuendo que podríamos vestir.

Crecemos con sueños, metas e ideales por alcanzar. Trabajamos incansablemente con la premura de ver si podemos lograr tan "merecido" objetivo. Pero en ocasiones despertamos y nos damos cuanta que estamos muy lejos, al punto del desanimo y muy desalineados, cansados...

¡Vive mas allá del idealismo y nunca sentirás frustración! Vive cada día para esa película que comenzaste el día de tu nacimiento y finalizaras cuando te vayas de este mundo. Pero siempre con la certeza que, aunque no estés registrando o capturando cada momento de tu vida estas dejando una huella para inspirar a los que vienen detrás de ti.

Anímate a pelear, a transpirar por aquellos sueños, que, aunque quizás no los alcances, dejaras marcas por haberlo intentado. Y si la vida te da el "éxito" soñado, cuenta al mundo que tus mejores días no fueron lo que hoy denota "la foto mas bella", sino la película que viviste cada día cuando el compromiso, ¡el sacrificio y esfuerzo fueron tus mejores aliados!

Recuerda: ¡la vida no es una foto, sino una continua película que se escribe a diario!

#Épico #LaFotoMasBella

11. RELACIONES SANAS

"Quien vive en guerra consigo mismo, vive en guerra con el mundo. "

Hay un creciente deterioro y abandono de relaciones... Familia, amistades, Iglesia, etc. ¡Es alarmante la crisis en la sociedad!

¿Que podemos hacer?

Mi mamá solía decir cuando éramos chicos que muchas de nuestras relaciones entre hermanos y amigos eran como ¡perros y gatos! Cuanta verdad, pero que triste...
Vivimos en un constante y creciente conflicto. La ciencia afirma que el cuerpo humano se desarrolla atravesando miles de conflictos para el crecimiento.
Ahora, el gran dilema de la sociedad son las relaciones humanas.
Relaciones nacen, crecen y mueren cada día a causa de vivencias, experiencias...
Necesitamos aprender a comunicarnos. Base para toda buena relación, donde aprendemos a exponer de lo mas profundo las intenciones y motivaciones, en fin, nuestra razón de ser.

En la era de la comunicación, pero más incomunicados. Las Redes Sociales han llegado para quedarse y establecerse como el mayor canal de comunicación. Lo que la sociología define como la "Neo-lingüística".

Un reciente estudio afirma en un experimento social hecho con niños de 2 años, que los que ingresaron al mundo de la tecnología a esa edad, años después tenían mayores dificultades para comunicarse e identificar las expresiones y gestos en los rostros que aquellos que no accedieron a la misma hasta años después.

Definitivamente hay un gran deterioro en la comunicación. La gente utiliza las plataformas virtuales para expresar un sin fin de emociones las cuales suelen ser contraproducentes y hasta nocivas. Suelo escuchar frecuentemente que las Redes sociales se transformaron en una "cloaca".
Y mientras tanto, la gente cada vez mas solitaria, aislada, en crisis...

Quiero ir mas allá de esto. Quiero extenderme hacia aquellas cosas que fortalecen mi vida y mis semejantes. Quiero vivir por encima de la nomina del común de las relaciones enfermas por tantas cosas que daría para escribir largo y tendido.
Podemos crecer y dejar de ser como niños. Hay decisiones que ayudan a fortalecer los vínculos y déjame contarte cuales fueron algunas de ellas que me ayudaron y me sigue ayudando cada día...

•A no poner mayores expectativas en las personas de lo que son realmente.

•A no a esperar nada de nadie, para no crear falsas expectativas y vivir defraudado.

•A no proyectar en nadie mis frustraciones y sentirme con un estado continuo de deuda.

Las relaciones sanas no son una utopía, pero son como son: relaciones. Y cuando uno entiende que donde hay relación hay fricción puede madurar en la comprensión de estas y vivir mas aliviado, mas relajado.

Te animo a un ejercicio diario de un mejoramiento personal, de aprender a relacionarte mejor con vos mismo, ya que la vida que vemos va de acuerdo a la manera en que la percibimos. ¡Que si solucionamos los conflictos internos estaremos declarando la paz con el mundo entero!

"Tratemos de ayudarnos unos a otros, y de amarnos y hacer lo bueno. No dejemos de reunirnos, como hacen algunos. Al contrario, animémonos cada vez más a seguir confiando en Dios, y más aún cuando ya vemos que se acerca el día en que el Señor juzgará a todo el mundo." (Hebreos 10:24-25 TLA)

"¡No hay nada más bello ni más agradable que ver a los hermanos vivir juntos y en armonía! Es tan agradable ver esto como oler el buen perfume de los sacerdotes, perfume que corre de la cabeza a los pies. Es tan agradable como la lluvia del norte que cae en el monte Hermón y corre a Jerusalén, en el sur. A quienes viven así, Dios los bendice con una larga vida." (Salmos 133:1-3 TLA)

¡Fuimos llamados conciliadores! Conciliarnos con nuestro mundo interior para conciliar con el mundo que nos rodea!

"Y todo esto proviene de Dios, quien nos reconcilió consigo mismo por Cristo, y nos dio el ministerio de la reconciliación; que Dios estaba en Cristo reconciliando consigo al mundo, no tomándoles en cuenta a los hombres sus pecados, y nos encargó a nosotros la palabra de la reconciliación.
Así que, somos embajadores en nombre de Cristo, como si Dios rogase por medio de nosotros; os rogamos en nombre

de Cristo: Reconciliaos con Dios. (2 Corintios 5:18-20 RV 1960)

"Que nadie venga a ti sin irse mejor y mas feliz" (Madre Teresa)

#Épico #RelacionesSanas

12. NO TE TARDES EN REGRESAR. . .

Quienes somos padres experimentamos esa reconfortante tranquilidad al ver llegar a nuestros hijos luego de una jornada fuera de casa.
Tan importante resulta, conociendo los tiempos difíciles, al ver las abrumadoras noticias acerca de la inseguridad en tantos medios de comunicación.

Ahora pensando en esto, cuantas veces nuestro Padre celestial estará a la espera de nuestra llegada, con el "corazón en la boca" (frase muy Argenta) esperando el cruce de la puerta de entrada.
Es verdad que hoy no hay un lugar físico que se defina como la casa de Dios, pero si hay un ámbito al cual cada día deberíamos regresar y no solo eso, sino permanecer.
Es en Su presencia, donde podemos sentirnos en casa, donde podemos sentirnos amados, donde hallamos un lugar seguro.
Hay tantas imágenes que vienen a mi mente, tantos recuerdos de mi niñez... La casa de mis abuelos; el campito del barrio, ese lugar donde uno llevaba a cabo sus grandes ideas y se volvía arquitecto de sus sueños.
Quizás para ti puede ser un rincón de tu casa donde un mullido sillón te cobija y disfrutas de una pequeña siesta al lado de una estufa a leña o la compañía de un buen libro...

No importa el lugar o la condición en que te encuentres, cualquiera que sea la instancia, cualquiera sea la situación préstale tus oídos al Padre del cielo que en este momento te dice: Hijo, ¡¡¡NO TE TARDES EN REGRESAR!!!

"Porque mejor es un día en tus atrios que mil fuera de ellos." (Salmos 84:10 TLA)

#Épico #RegresaACasa

13. EL PRESENTISMO

El presentismo laboral se define como la presencia de los trabajadores en sus puestos de trabajo.

En la Argentina la patronal suele recompensar al trabajador con un extra a su salario, podríamos decir que es un premio al compromiso del trabajador con su empleo. Y en estos tiempos, muchos se aferran a esta condición para no ver afectada su billetera ante la ola de aumentos continuos en la economía domestica.

Pensando en esto, reflexiono en papel, lo que escribió del Apóstol en su Epístola a los hebreos:

"No dejemos de reunirnos, como hacen algunos. Al contrario, animémonos cada vez más a seguir confiando en Dios, y más aún cuando ya vemos que se acerca el día en que el Señor juzgará a todo el mundo." (Hebreos 10:25 TLA)

Hoy los días parecerían durar menos. La demanda laboral, las rutinas semanales saturadas de compromisos personales, familiares, etc. han producido una sobrecarga en nuestra agenda diaria, pero no podemos dejar de atender el consejo de estar en comunión para aquello que nos fortalece, anima y bendice.

Puede avanzar la tecnología, podemos disfrutar de ella... pero nunca será lo mismo estar en un lugar en común a

una hora señalada que ver a través de una pantalla un encuentro definido a km de tu casa.
No me resisto ante las posibilidades que las Redes Sociales como #YouTube #FaceLive #Periscope #InstagramLive hoy nos ofrecen, pero no cambio por nada en el mundo un abrazo, una charla amena y el privilegio de sentirse parte de una comunidad que crece en favor de las buenas relaciones y sanas costumbres.

Si en lo laboral y temporario hay premio por el cumplimiento, compromiso y puntualidad, ¡cuanto mas lo espero por el ámbito donde el dueño de la empresa celestial es mi papa Dios!

Disfruta a Dios y el sentido de pertenencia que genera una comunidad guiada por gente que ama y crea oportunidades.

#Épico #Presentismo

14. DESALMADOS

¡¡¡Mucho loco suelto… solía decir mi abuelo!!!
La gente anda buscando la llave de la felicidad. El secreto es observar el comportamiento del alma. Nuestra alma es una habitación que acumula y guarda un sin fin de emociones.

"Dime la fortaleza de tu alma y te diré firmeza de tu carácter"

Hay emociones sanas y nobles, pero también las hay enfermas.
Hoy la sociedad se encuentra desbordada por estas. Enfermedades nuevas, denominadas auto-inmunes, golpean a la ciencia cada día a raíz de emociones descontroladas…

En estos tiempos los Sociólogos y Psicólogos definen dos tipos de inteligencias, la Intelectual y la Emocional, y ante los estudios realizados ratifican que las personas que tienen Inteligencia Emocional logran mejores resultados que los que tienen Inteligencia intelectual.

Mucha gente transita con su alma " a flor de piel".
El salmista David, reconoce la importancia de tener un alma bajo gobierno y sin dar rienda suelta a sus emociones declara la importancia de bendecir al Señor.

"Bendice, alma mía, a Jehová, y bendiga todo mi ser su

santo nombre. Bendice, alma mía, a Jehová, y no olvides ninguno de sus beneficios." (Salmos 103:1-2 RV1960)

"Por eso les digo: obedezcan al Espíritu de Dios, y así no desearán hacer lo malo. Porque los malos deseos están en contra de lo que quiere el Espíritu de Dios, y el Espíritu está en contra de los malos deseos. Por lo tanto, ustedes no pueden hacer lo que se les antoje. Pero si obedecen al Espíritu de Dios, ya no están obligados a obedecer la ley.
Todo el mundo conoce la conducta de los que obedecen a sus malos deseos: no son fieles en el matrimonio, tienen relaciones sexuales prohibidas, muchos vicios y malos pensamientos. Adoran a dioses falsos, practican la brujería y odian a los demás. Se pelean unos con otros, son celosos y se enojan por todo. Son egoístas, discuten y causan divisiones. Son envidiosos, se emborrachan, y en sus fiestas hacen locuras y muchas cosas malas. Les advierto, como ya lo había hecho antes, que los que hacen esto no formarán parte del reino de Dios.
En cambio, el Espíritu de Dios nos hace amar a los demás, estar siempre alegres y vivir en paz con todos. Nos hace ser pacientes y amables, y tratar bien a los demás, tener confianza en Dios, ser humildes, y saber controlar nuestros malos deseos. No hay ley que esté en contra de todo esto. Y los que somos de Jesucristo ya hemos hecho morir en su cruz nuestro egoísmo y nuestros malos deseos."
(Gálatas 5:16-22 TLA)

Necesitamos fortalecer nuestra vida espiritual, necesitamos obedecer al Espíritu...

Necesitamos vivir con una alma sana y guiada por el Espíritu Santo.
Muchas de nuestras enfermedades hoy son el fruto de dar rienda suelta a cuanta emoción golpea nuestra puerta.
¡Podemos crecer sobreponiéndonos al sin fin de emociones

que vienen a gobernarnos!
Es imprescindible reconocer que el carácter se modifica cuando el alma no vive de acuerdo a los sentidos naturales, sino de acuerdo a la Palabra de Dios. Podemos superarnos en el Nombre de Jesús, podemos vivir mas allá de los conflictos personales e interpersonales.
Podemos restaurar relaciones desgastadas, rotas y perdonar cuando nuestra alma se sujeta al carácter que vive bajo el gobierno de Dios.

Necesitamos comprometer nuestra alma al Señor

"Mas si desde allí buscares a Jehová tu Dios, lo hallarás, si lo buscares de todo tu corazón y de toda tu alma." (Deuteronomio 4:29 RV1960)

"Sólo en Dios halla descanso mi alma;
de él viene mi salvación." (Salmos 62:1 NVI)

"Amado, yo deseo que tú seas prosperado en todas las cosas, y que tengas salud, así como prospera tu alma." (3 San Juan 2 RV1960)

¡Cuando nuestra alma es sana, prospera toda nuestra vida! Nuestra prosperidad depende de la sanidad de nuestra alma.
Alimenta tu alma y vivirás en las emociones, alimenta tu espíritu y vivirás en el Gozo del Señor.

#Épico #Desalmados

15. ATAQUE DE PÁNICO

El ataque de pánico esta de moda, es común escuchar ante cualquier síntoma, que el doctor diga: ¡¡¡ataque de pánico!!!
¡Que no panda el cunico! Diría el chapulín colorado.

"35 Aquel día, cuando llegó la noche, les dijo: Pasemos al otro lado. Y despidiendo a la multitud, le tomaron como estaba, en la barca; y había también con él otras barcas. Pero se levantó una gran tempestad de viento, y echaba las olas en la barca, de tal manera que ya se anegaba. Y él estaba en la popa, durmiendo sobre un cabezal; y le despertaron, y le dijeron: Maestro, ¿no tienes cuidado que perecemos? Y levantándose, reprendió al viento, y dijo al mar: Calla, enmudece. Y cesó el viento, y se hizo grande bonanza. Y les dijo: ¿Por qué estáis así amedrentados? ¿Cómo no tenéis fe? (Marcos 4:35-40 RV1960)

Y les dijo: ¿Porqué están así de asustados? ¿Porqué tienen ataques de pánico? ¿Cómo? ¿No tenéis fe? Entonces sintieron un gran temor y se decían el uno al otro ¿quién es este? Que aún el viento y el mar lo obedecen."
Quizás hoy esas olas son esos pensamientos y temores a los que les vas a tener que decirles: ¡Callen y enmudezcan!

Cuando llega la noche los fantasmas aparecen.
El problema no es bajo que circunstancia nos encontramos, sino con quien estamos.
Recuerdo que mi hijo, cuando llegaba la noche y se

acostaba en su cama me decía: ¡Papá no apagues la luz! ¿Quién no ha sufrido ese temor nocturno? Muy presente está en nuestra memoria infantil.

Esa oscuridad se disipaba y el terror se esfumaba cuando yo me recostaba a su lado para hacerle compañía, hasta que cayera en su descanso.

Hoy siendo adultos no deberían importarnos cuan duras y exhaustivas son las tormentas que atravesamos o qué tan oscura se torne la noche, sino quien está con nosotros.

Cuando aparece el Dios de las luces, desaparecen las sombras y sé que muchos quizás no hemos sido diagnosticados con ataques de pánico, pero tenemos un susto bárbaro.

Y el pánico no solo se manifiesta simplemente en la cara, se manifiesta a veces en nuestro accionar diario. Como nos desenvolvemos en la vida; nuestras pequeñas decisiones diarias. Cuando aparecen esos típicos pensamientos como: ¿lo hago o no lo hago? ¿Lo empiezo o no lo empiezo? ¿Voy para allá? ¿No voy? Siempre lo que termina gobernando nuestra vida es el temor ¿y qué le dice Jesús?: ¿Porqué estáis así amedrentados? ¿Porqué están llenos de temor?

"Dios no necesita el cielo para entronizarse, Dios necesita nuestras realidades para manifestar su gloria y su poder".

A veces nos sentimos tan lejos de Dios, es como que viviera en el país del mas allá. Pero no es así, Dios se entroniza en medio de nuestras realidades cuando le damos lugar a él. Dios permite muchas veces las adversidades para glorificarse.

Siempre existe una oportunidad, un milagro que Dios puede hacer.

Un hombre ciego se presento frente a Jesús y uno de los discípulos le dice: ¿Por qué este hombre es ciego, es a causa del pecado de sus padres, a causa de la herencia genética? ¡No! Este hombre es ciego para que Dios se glorifique.

Hoy Dios quiere glorificarse en tu vida. No temas, solo cree...

#Épico #AtaqueDePanico

Hoy Dios quiere glorificarse en tu vida. No temas, solo cree...

#Épico #AtaqueDePanico

16. YO QUIERO VER A JESÚS

Ingresó en aquel viejo templo como quien busca respuestas a su puntual necesidad. Sigilosamente y a paso lento caminó entre las personas sin ser reconocido. Abrió su bolso, sacó un anotador y comenzó a escribir. No pasó mucho tiempo sin sacar también una antigua máquina de fotografía y comenzó a retratar detalles de ese importante salón de conferencias. Así fue capturando imágenes de objetos, reliquias y las necesidades de personas que hacían al momento, sin que nadie percibiera cada uno de los movimientos y detalles que desarrollaba este "anónimo y desconocido" transeúnte...

Pasaron unos minutos, después de observar y registrar los movimientos y a las personas, tomó sus elementos y los guardó en su bolso y se retiró.

¡Nadie pudo reconocerlo, nadie! Excepto aquel Anciano necesitado que se encontraba cada día pidiendo limosna con una bolsa a la entrada del recinto de reunión! Pudo ver que ese "anónimo y desconocido" hombre era el que recorría las calles y tocaba a las personas y muchos eran sanados. No sabía su nombre, pero su rostro ya le era familiar tras encontrarse muchas veces entre la multitud que cada día le buscaba por un milagro.

Este Anciano que no entendía mucho, tampoco sabía leer y apenas podía expresarse, supo identificar a aquel que había ingresado en el templo era el mismo que atendía y escuchaba a los "invisibles" para esa sociedad ... ¡¡¡Este devaluado Anciano lo miro a los ojos y sintió su amor, su compasión!!! Este Anciano quizás no llenó su bolsita de monedas ese día, pero llenó su vida de entusiasmo y se sintió amado.

Yo quiero ser como ese Anciano, aún prefiero ser invisible para la sociedad, pero nunca dejar de ver a Dios obrar en este tiempo como lo hizo hace 2000 años a través de Jesús. Quiero verle a los ojos y saber que su amor y compasión son más importantes que todas las limosnas que la vida pone en mí devaluada o agujereada bolsa!
Definitivamente... Yo quiero ver a Jesús, pero también quiero ser Jesús para tantos que necesitan dejar de buscar limosnas con el único fin de sentirse vivos y amados.

"Vino al mismo mundo que él había creado, pero el mundo no lo reconoció. Vino a los de su propio pueblo, y hasta ellos lo rechazaron; pero a todos los que creyeron en él y lo recibieron, les dio el derecho de llegar a ser hijos de Dios. Ellos nacen de nuevo, no mediante un nacimiento físico como resultado de la pasión o de la iniciativa humana, sino por medio de un nacimiento que proviene de Dios. Entonces la Palabra se hizo hombre y vino a vivir entre nosotros. Estaba lleno de amor inagotable y fidelidad. Y hemos visto su gloria, la gloria del único Hijo del Padre."

#Épico #YoQuieroVerAJesus

17. ¿DÓNDE ESTÁS?

"Hoy salí en busca de ella y no la encontré...
La busqué entre aquellos que me decían que eran y no la halle, no la identifiqué.
Por favor, si alguien sabe, díganme donde esta.
La busqué entre las bancas de un antiguo y decorado edificio. Tampoco la halle entre aquellos que decían concurrir a ese edificio.
¿Donde estas? ¿Donde puedo hallarte? Si hay alguien que sabe de ella háganmelo saber" ...

Cuando logró asomar la cabeza ante tanta rutina, tantos programas, compromisos de membresía y separarme a tomar un poco de aire me pregunto: Iglesia ¿donde estás?

En una sociedad abatida, llena de cosas, pero vacía de todo. ¿Somos la extensión del cielo para la tierra? ¿Somos el refugio de aquellos que viven excluidos, solitarios y hambrientos? ¿Traemos las manos llenas de pan, salud y descanso para el alma? O bien traemos carta de presentación, membresía y actividades...

Busco y busco cada día y seguiré buscando. Tratando de ver cómo se ve desde el cielo. No conformándome con los estereotipos, con lo habitual y establecido. Busco a cada momento, a cada instante...
¡¡¡Y ahí está El!!! Ahí aparece el hermoso que cambia y se disfraza a cada instante.
El que por un momento está entre los niños y al rato con

un grupo de ancianos en una plaza de barrio. Ahí está, en un cuarto de hospital con el adolorido y con un preso en su soledad y que me dice:

¡Tranquilo! Yo sigo edificando mi iglesia… Jesús

#Épico #DondeEstas

18. CRISIS O CRISTO...

¿De que estamos hechos?

Cuando la tormenta golpea descubrimos donde se encuentra nuestra verdadera fortaleza y cuál es su magnitud.

Ninguna realidad es más certera que la vida que nos toca vivir.

Construimos a través de cada decisión. Somos el resultado de estas. Por ello es que necesitamos de las buenas, de las pensadas, de las que tienen valor eterno, de las que se fundamenten en principios y no en circunstancias.

Establece hoy directrices para que, de aquí a no mucho tiempo, veas frutos perdurables. Encamina hoy tus pasos hacia metas y logros que añadan bendición a tu vida, a tus seres cercanos.

Siempre podemos revisar y aprender de nuestros errores. Siempre hay un capital en nuestros fracasos. Podemos descubrir qué hay un depósito de fortaleza cuando nuestras fuerzas se han agotado pero el camino recorrido hasta aquí no lo hemos caminado solos, sino acompañado por Dios y por aquellos que son parte de su familia.

El buen pastor siempre conduce a su rebaño hacia las altas cumbres donde la pastura no ha sido contaminada, ahí donde no hay maleza. Hay que confiar en su dirección y seguir el paso cuando el dificultoso y desafiante camino es cuesta arriba. ¡Pero vale la pena!

Por esto es necesario que mantengas tu paso firme a pesar

de las dificultades que estés atravesando sabiendo que aquel que muchas veces las permite es aquel que no suelta tu mano.

"Dios empezó el buen trabajo en ustedes, y estoy seguro de que lo irá perfeccionando hasta el día en que Jesucristo vuelva."

¡La crisis manifiesta de qué estamos hecho!

En estos tiempos de crisis, en muchos ámbitos de la vida, mucha gente desilusionada, triste y enojada...
Algunos desesperados, abrumados buscando proyectar su descontento sobre cualquiera que asome su cabeza ante su cruel realidad...

"No que haya pasado necesidad alguna vez, porque he aprendido a estar contento con lo que tengo. Sé vivir con casi nada o con todo lo necesario. He aprendido el secreto de vivir en cualquier situación, sea con el estómago lleno o vacío, con mucho o con poco." (Filipenses 4:11-12 NTV)

Las palabras del Apóstol Pablo seguirán haciendo tan bien a mi alma.
Son palabras que nacen de un carácter tratado por la vida a sabiendas que nada de lo ocurrido carecía de la firma de Dios.

La crisis para aquellos que amamos a Dios siempre es una oportunidad de volver a definir lo valioso de la vida, a realzar lo necesario y por sobre todas las cosas a descubrir que todo lo que no tiene valor eterno, es vanidad.

"Así que, si tenemos suficiente alimento y ropa, estemos contentos.
Pero los que viven con la ambición de hacerse ricos caen en

tentación y quedan atrapados por muchos deseos necios y dañinos que los hunden en la ruina y la destrucción. Pues el amor al dinero es la raíz de toda clase de mal; y algunas personas, en su intenso deseo por el dinero, se han desviado de la fe verdadera y se han causado muchas heridas dolorosas." (1 Timoteo 6:8-11 NTV)

"Así que, si tenemos suficiente alimento y ropa, ¡estemos contentos..." Maravillosa gema! ¿Que necesitamos para ser feliz?

Quiero compartirte una experiencia que leí recientemente del gran inventor Tomas Edison, escrita por su hijo.
Su hijo recordaba una fría noche de diciembre de 1914. Este fue un tiempo en el que todavía resultaban infructuosos los experimentos con la batería de acumuladores de níquel - hierro - alcalina, a la cual su padre había dedicado casi diez años, y en cuanto a economía, había colocado a Edison en la cuerda floja. La única razón por la cual aun era solvente era la utilidad proveniente de la producción de películas y discos.
Esa noche de diciembre resonó el grito "¡Fuego"! en toda la planta. Se había producido una combustión espontánea en el cuarto fílmico. En pocos minutos estuvieron en llamas todos los compuestos que tenia envasados, el celuloide que tenia guardado para discos y películas y otros artículos inflamables.
Llegaron bomberos de ocho pueblos circundantes, pero el calor era tan intenso y la presión de agua tan baja, que el intento de extinguir las llamas fue nulo. Todo fue destruido.
Cuando el hijo no pudo hallar a su padre, se sintió preocupado. ¿Estaría a salvo? Ya que todas sus pertenencias se habían esfumado como en una exhalación, ¿estaría su espíritu quebrantado? Al fin y al cabo, Edison ya tenia 67 años de edad; no le quedaban edad para volver

a comenzar. Luego, el joven Edison vio a la distancia a su padre, que estaba en el patio de la planta y corría hacia el. "¿Donde esta tu mama? - Gritó el inventor-. ¡Ve, búscala, hijo! ¡Dile que se apresure y traiga a sus amigos! ¡Nunca volverán a ver un incendio como este!"

A la mañana siguiente, mucho tiempo antes de amanecer, cuando apenas se había logrado controlar el fuego, Edison llamo a sus empleados, los reunió, e hizo un anuncio increíble: "¡Vamos a reconstruir!"

Siempre podemos sacar un capital de la crisis. ¡Solo es cuestión de limpiarnos y volver a empezar!
¡No estamos en crisis, estamos en CRISTO!

#Épico #Crisis #Cristo

19. NOSTALGIA

Ella nos hace revivir momentos de la vida que quizás por el trajín, por las distracciones o el deseo de llegar a esos tantos "destinos" no supimos valorar.
Vale mucho una imagen, una fotografía o simplemente un pensamiento para recrear en nuestros recuerdos lo vivido y volver a disfrutarlo o sufrirlo.

En una sociedad vertiginosa, en tiempos de apresuramientos marcados por la ansiedad de turno, generamos un sin fin de espacios y situaciones que a la distancia la nostalgia nos lo hará ver de otra manera...

Con esos deseos constantes por alcanzar el otro escalón, subir al otro nivel, no podemos ver donde estamos parados. Se que es bueno el crecimiento y el desarrollo de todas las cosas, pero bien vale la pena disfrutar el momento, de vivir...

La era de la inmediatez... La era digital, la tecnológica y los recursos cibernéticos, han producido muchos beneficios en muchos aspectos como en la ciencia, medicina, producción, etc. pero a su vez un deterioro sustancial y una total perdida de tiempo y espacio. Todo es virtual, todo es veloz, todo es automático. En fin, todo es "instantáneo".
Tenemos todo al alcance, no hace falta la mucha investigación si al toque de una tecla, ya tenemos toda la información deseada, la transacción requerida y las amistades en las redes sociales. Y así vamos...

Ya queremos terminar de ver esa serie favorita, ya queremos el nuevo teléfono, ya queremos ese auto, ya queremos el día de nuestra boda, ya queremos el divorcio, ya queremos el primer hijo, ya queremos... Y así se nos pasa la vida.

Vivimos en un constante exilio. El desarraigo de ese lugar querido, la casa materna, las amistades de infancia, los amores de juventud, etc.
¿Alguna vez te pusiste a pensar que Dios tiene nostalgia por ti?
Hay un lugar al que todos podemos volver. No es la tierra del olvido.
Su amor es mas fuerte que nuestros exilios. Su amor nos vuelve a su corazón...
¡Disfruta hoy de su compañía, deléitate en Su presencia!

Nostalgia, Dios tiene por ti...

#Épico #Nostalgia

20. PLANES Y PROYECTOS

Los tiempos, la agenda, los planes...
Nadie quiere perder tiempo, nadie quiere encontrarse fuera de rumbo. Es muy común fastidiarnos si al utilizar un GPS aparece esa reconocida voz femenina al decirnos: recalculando...

Ahora, déjame decirte, que la vida consiste no solo en llegar a destino, sino también de disfrutar el viaje y sus periplos.

Somos especialistas en establecer objetivos y trazar metas. Así construimos vidas alrededor de puntuales actividades y determinadas personas; y esto a simple vista esta bien. Pero, también la vida misma, así como río caudaloso, muchas veces nos marca o depara su propio destino.

"Mis planes para ustedes solamente yo los sé, y no son para su mal, sino para su bien. Voy a darles un futuro lleno de bienestar. Cuando ustedes me pidan algo en oración, yo los escucharé. Cuando ustedes me busquen, me encontrarán, siempre y cuando me busquen de todo corazón." (Jeremías 29:11-13 TLA)

Déjame a través de esta cita desarrollar el siguiente pensamiento...
La condición del pueblo era complicada, ellos habían sido deportados a Babilonia, desarraigados, esclavizados... un combo muy complicado.

Contextualizando brevemente, Dios les viene hablando a través del profeta Jeremías acerca de sus planes... Y dentro de estos estaba la decisión que en esos 70 años de cautiverio no se desentendieran del tiempo y espacio donde Dios mismo había permitido que estuvieran, donde había decidido que vivieran. Ahí es cuando los planes de Dios exceden nuestra capacidad de comprensión.

No dejemos que la ansiedad y el temor nos guíen, aprendamos a descansar en Dios. Nuestros tiempos están en sus manos.

"Escúchenme, ustedes, los que dicen: «Hoy o mañana iremos a la ciudad; allí nos quedaremos todo un año, y haremos buenos negocios y ganaremos mucho dinero.» ¿Cómo pueden hablar así, cuando ni siquiera saben lo que les va a suceder mañana? Su vida es como la niebla: aparece por un poco de tiempo, y luego desaparece. Más bien, deberían decir: «Si Dios quiere, viviremos y haremos esto o aquello.» Sin embargo, a ustedes les gusta hablar con orgullo, como si fueran dueños del futuro, y eso es muy malo. Si ustedes saben hacer lo bueno y no lo hacen, ya están pecando." (Santiago 4:13-17 TLA)

Tenemos que aprender a confiar en Dios y dejar de confiar un poquito en nosotros...
Aprender a reconocer que nada es casualidad en la vida y que todo acontece por un propósito.
Seamos maleables a su mano si hemos decidido caminar con El.

Hoy podemos confiar en Jesús, hoy podemos descansar en El. Hoy podemos decir que sus planes y proyectos son mejores que toda nuestra arquitectura. Relájate, no tengas temor...
¡¡¡Todo saldrá bien!!! CONFIA EN DIOS.

#Épico #Planes #Proyectos

21. NO TE BAJES DE LA CRUZ...

Sentimientos miles, Redes Sociales que se parecen a un baño publico, conductas desbandadas a merced de las emociones, Almas errantes deambulando de un sitio a otro, relaciones llenas de reproches... etc., etc., etc. Todo como resultado de una sociedad desorientada, perdida que no hace otra cosa que manifestar su descontento, su enojo y frustración... ¡¡¡En fin, una sociedad adolescente!!!

Estamos ante una fuerte crisis de valores. Conducidos por emociones lastimadas. Fácilmente catalogamos conductas, etiquetamos personas bajo diferentes rótulos como una forma simplista de encontrar un por qué ...

Familias rotas, matrimonios divorciados, amistades distanciadas; todo como fruto de habernos olvidado de una verdad que tiene vigencia eterna y trae esperanza ante cualquiera de estas situaciones mencionadas.
Ahora, déjame pensar en voz alta, déjame utilizar este espacio para subrayar el concepto que muchas veces recitamos, muchas veces explicamos, pero muy de vez en cuando lo practicamos...

"En realidad, también yo he muerto en la cruz, junto con Jesucristo. Y ya no soy yo el que vive, sino que es Jesucristo el que vive en mí. Y ahora vivo gracias a mi confianza en

el Hijo de Dios, porque él me amó y quiso morir para salvarme."
(Gálatas 2:20 TLA)

¿Alguna vez viste a un muerto reclamar algo? Es una locura lo que te pregunto, pero esta pregunta nos lleva a replantear nuestra vida en Cristo...

Maravillosa expresión de Pablo al decir:
"En realidad, también yo he muerto en la cruz, junto con Jesucristo. Y ya no soy yo el que vive, sino que es Jesucristo el que vive en mí..."

Años atrás, las iglesias protestantes en los barrios, pueblos y ciudades eran reconocidas a la distancia por tener una cruz en sus fachadas o en lo alto de la torre. Lo que la hacia reconocible y diferenciable ante cualquier edificio municipal o comercial. Hoy, ya no tanto...
La Cruz no solo como emblema y distinción de fe, sino como punto de encuentro y congregación de los cristianos.

¡Volvamos a poner a la cruz en el centro de todo, en el centro de nuestras vidas y todo a nuestro alrededor será diferente!
Nuestra genuina comunión no se establece por programas, relaciones amistosas o empatías, sino se fundamenta a través de aquellos que han decidido cada día no bajarse de la cruz.

Un cristianismo sin cruz no es genuino, no tiene nada que ver con Cristo.

A Jesús no lo sostuvieron unos clavos, fue el amor por ti. Ahora es cuanto más nosotros debemos comprometernos para que así también otros puedan reconocer la transformación que ocurre cuando alguien como vos

y como yo decide morir a ese "viejo hombre" viciado, lastimado, etc...
Por esto y por mucho más... Por favor, no te bajes de la Cruz.

#Épico #NoTeBajesDeLaCruz

22. LLENOS DE NADA, VACÍOS DE TODO...

Tiempos de insatisfacción... de búsqueda incansable.

"Jesús contestó:
—Cualquiera que beba de esta agua pronto volverá a tener sed, pero todos los que beban del agua que yo doy no tendrán sed jamás. Esa agua se convierte en un manantial que brota con frescura dentro de ellos y les da vida eterna.
—Por favor, señor —le dijo la mujer—, ¡déme de esa agua! Así nunca más volveré a tener sed y no tendré que venir aquí a sacar agua." (San Juan 4:13-15 NTV)

La gente anda buscando saciarse, llenarse, sentirse plena. Por cierto, no me llama la atención que el portal mas utilizado, el mas visitado en nuestra Internet de cada día es el buscador Google.

Ahora déjeme refrendar las palabras de Jesús en su encuentro con la mujer en aquel pozo de agua en la tierra de Samaria. "Cualquiera que beba de esta agua pronto volverá a tener sed..." Dicho esto, subrayar que el testimonio de lo sucedido allí no registra el nombre de la mujer, no le da identidad a la persona, solo a la condición de esta.

¿Cual era la necesidad de esta mujer?

Bien conocemos que cinco maridos había tenido y aun en ese momento se encontraba en una situación sentimental comprometida y confusa, pero no tenia paz, no se sentía plena, completa...

Podemos extraer una gran enseñanza para los días que vivimos hoy.

Tal es la insatisfacción que experimentamos, que nos hace tomar decisiones alocadas o escandalosas, como las que tomó esta mujer al tener cinco maridos.

Vivimos en una búsqueda incansable por alcanzar tantas cosas y nos olvidamos de la verdadera plenitud que solo Cristo nos puede dar.

"...Pero todos los que beban del agua que yo doy no tendrán sed jamás."

Esta, no es una expresión para tomarla a la ligera. Necesitamos experimentar lo que esta mujer vivió.
Leemos:

"La mujer dejó su cántaro junto al pozo y volvió corriendo a la aldea mientras les decía a todos: «¡Vengan a ver a un hombre que me dijo todo lo que he hecho en mi vida!" (San Juan 4:28-29 NTV)

Habiéndose encontrado con Jesús, dejo todo lo que hasta ese entonces le parecía primordial para vivir y aun mas, salió a gritarlo por las calles de su ciudad...

Quizás en este tiempo te sentís como esta mujer: "Lleno de nada, vacío de todo..." Pero déjame decirte que no necesitas un nuevo vestuario, un nuevo amor, un nuevo trabajo, una nueva ciudad, una nueva iglesia, lo que necesitas es: ¡ENCONTRARTE CON JESÚS!

¡Para toda insatisfacción apareció Jesús! Pruébale!!!

#Épico #LlenosDeNada #VaciosDeTodo

23. DESENFÓCATE

Hemos aprendido muy bien la "Ley del Enfoque". Sabemos del poder de la concentración y como ejemplo de esto, una pequeña lupa al concentrar un halo de luz puede producir un láser...

¡En un mundo egoísta, en un empresariado que capacita a sus noveles aspirantes a alcanzar los objetivos pautados... Enfocarse es el desafío!

Todos hablamos de visión, decimos andar enfocados en nuestros sueños, nuestros proyectos y esta bien. Pero suelo percibir también que la mirada tan unipersonal que desarrollamos a diario no nos permite ver el entorno, el contexto...

Jesús, aunque estaba enfocado en llevar a adelante la "visión" del Reino, se detenía en cada oportunidad que tenia a su alrededor para manifestar el amor de Dios encarnado a través de su persona.

En estos días sigo reflexionando en la enseñanza del evangelista Lucas, en el capítulo 10, en lo que lleva por titulo: "el buen samaritano" donde podemos extraer grandes enseñanzas para los tiempos que vivimos hoy. En cuanto a desenfocarnos un ratito de nuestras apretadas agendas, detenernos, bajarnos de nuestra acelerada vida y manifestar el amor y compasión con el que fuimos escogidos, tratados y sanados; para también hacerlo por los que hoy lo necesitan...

"Jesús respondió con una historia:
—Un hombre judío bajaba de Jerusalén a Jericó y fue atacado por ladrones. Le quitaron la ropa, le pegaron y lo dejaron medio muerto al costado del camino.
"Un sacerdote pasó por allí de casualidad, pero cuando vio al hombre en el suelo, cruzó al otro lado del camino y siguió de largo. Un ayudante del templo pasó y lo vio allí tirado, pero también siguió de largo por el otro lado."
(Lucas 10:30-32 NTV)

El Sacerdote y el Levita son una muestra clara de personas que están enfocadas en su vida, proyectos, ministerios, sueños, etc., etc., etc... Pero alguien tiene que prestar atención a su alrededor.
La iglesia si tiene la misión de Cristo, no debe descuidar lo que pasa en su entorno. Y esto también es visión de Reino.

Mientras sigamos enfocados en nuestros proyectos, mientras creamos que lo importante esta por delante, mientras dejemos de ver como Cristo... nuestro entorno seguirá padeciendo la ausencia de aquellos que fuimos enviados para ser luz y sal donde hay tanta oscuridad...

¿Cual es tu contexto? ¿Cuál es tu entorno?
Ahí es donde debes apuntar. Muchas veces fallamos por anhelar alcanzar el mas allá y nos olvidamos del mas acá.
Comienza hoy por los que caminan a tu lado, la gente que tocas a diario, en el transporte publico, en la escuela, universidad, en el trabajo, etc. Desenfócate de ti mismo y empieza a ver como Jesús.
Puedes parecer desatento, desenfocado para el mundo, pero estar muy atento y enfocado para los deseos del cielo...
¡Por eso y mucho mas... Desenfócate un poquito hoy!

#Épico #Desenfócate #Entorno #Contexto

24. SE BUSCA...

"Se busca gente que tengas deseos de trabajar para un emprendimiento con proyección de futuro, con excelentes aportes y cobertura social y medica.
El puesto a cubrir demanda una carga horaria extensa, pero será retribuida de manera extraordinaria.
El personal seleccionado sera capacitado y se le proveerá la ropa y las herramientas adecuadas.
No se necesita títulos ni experiencia alguna, solo deseos de aprender y saber obedecer a los desafíos a establecer..."

Así decía el aviso en la sección de clasificados en el periódico de aquel pueblo aquella madrugada...

¿Alguna vez te encontraste desempleado? ¿Viste pasar los días sin encontrar ofertas laborales de acuerdo a tus necesidades?
Solo quien ha estado en esta situación sabe de lo que estoy hablando... Días de mucho temor, horas gobernadas por la angustia. Cuanto mas complicada la condición si hay en tu haber la responsabilidad de llevar adelante una familia.

Se buscan obreros.
¡Dios nos necesita! ¿Alguna vez te pusiste a pensar en esto?
El no pide títulos, capacidades extraordinarias, tampoco pide un currículum de viejas experiencias laborales. No anda hurgando en antecedentes de ningún tipo. Solo necesita gente que quiera aprender y obedecer...
"Y les dio las siguientes instrucciones: «La cosecha es

grande, pero los obreros son pocos. Así que oren al Señor que está a cargo de la cosecha; pídanle que envíe más obreros a sus campos." (Lucas 10:2 NTV)

¡El cielo te esta buscando, que en esta oportunidad puedas responder... Cuenta conmigo Señor!

#Épico #SeBusca

25. HIJOS DE LA RELIGIÓN

"Respondiendo Jesús, dijo: Un hombre descendía de Jerusalén a Jericó, y cayó en manos de ladrones, los cuales le despojaron; e hiriéndole, se fueron, dejándole medio muerto. Aconteció que descendió un sacerdote por aquel camino, y viéndole, pasó de largo. Asimismo, un levita, llegando cerca de aquel lugar, y viéndole, pasó de largo. Pero un samaritano, que iba de camino, vino cerca de él, y viéndole, fue movido a misericordia; y acercándose, vendó sus heridas, echándoles aceite y vino; y poniéndole en su cabalgadura, lo llevó al mesón, y cuidó de él. Otro día al partir, sacó dos denarios, y los dio al mesonero, y le dijo: Cuídamele; y todo lo que gastes de más, yo te lo pagaré cuando regrese. ¿Quién, pues, de estos tres te parece que fue el prójimo del que cayó en manos de los ladrones? Él dijo: El que usó de misericordia con él. Entonces Jesús le dijo: Ve, y haz tú lo mismo."

¡Mucha gente yendo al templo, pero poca gente siendo iglesia!

Cuando la necesidad del prójimo se vuelve "invisible" a la iglesia, manifestamos lo que somos... Hijos de la Religión...

¿El sacerdote y el levita volverían del templo? ¿Cuál era la urgencia por volver a sus quehaceres? ¿No vieron lo que sucedía a su alrededor? ¿No vieron al hombre herido? ¡Cuantas veces las necesidades de nuestro prójimo pasan desapercibidas frente a nuestros sentidos!

Debido a la situación económica que estaba atravesando, un amigo, tomo la difícil decisión de emigrar a otro país junto a su familia. Como cabeza del hogar se vio enfrentando las contingencias derivadas de esa acción, tales como, la adaptación a la cultura, idiosincrasia, costumbres, escolarización de sus hijos, y el desafío de conseguir un trabajo.

Encontrándose en medio de esta difícil tarea de seguir adelante y no claudicar en la fe, me contaba que ya había conseguido un lugar donde congregarse, y que amablemente le habían recibido. Pero que también le instaban a tomar el curso del ABC del discipulado y visión de la iglesia.

Pero lo más llamativo que descubrí detrás de tantas palabras que me decía este hermano era: -nadie me pregunta: como estoy o si tengo para comer...

Lamentablemente muchas de las iglesias, no todas, están más concentradas en doctrinas que en necesidades.

La religión nos conduce hacia dogmas, doctrinas, cursos de todo tipo. Pero el amor de Dios no lleva a abrazar a tocar, a sanar, a levantar, etc.

Lo que anhela el mundo es ver a Cristo encarnado en nuestras decisiones diarias.

Necesitamos generar un espacio en nuestras cargadas agendas para empezar a mirar a nuestros costados para manifestar lo que somos: hijos de Dios

"Porque el anhelo ardiente de la creación es el aguardar la manifestación de los hijos de Dios."

Nuestras reuniones y encuentros se parecen mas al Antiguo Testamento que a la Iglesia del Espíritu Santo.

"El inicio de la iglesia del Espíritu Santo se distinguió,

porque quienes la conformaban no tenían necesidad de nada."

"Y decidieron vivir como una gran familia. Y cada día los apóstoles compartían con ellos las enseñanzas acerca de Dios y de Jesús, y también celebraban la Cena del Señor y oraban juntos.
Al ver los milagros y las maravillas que hacían los apóstoles, la gente se quedaba asombrada.
Los seguidores de Jesús compartían unos con otros lo que tenían. Vendían sus propiedades y repartían el dinero entre todos. A cada uno le daban según lo que necesitaba. Además, todos los días iban al templo y celebraban la Cena del Señor, y compartían la comida con cariño y alegría. Juntos alababan a Dios, y todos en la ciudad los querían. Cada día el Señor hacía que muchos creyeran en él y se salvaran. De ese modo, el grupo de sus seguidores se iba haciendo cada vez más grande."
(Hechos 2:42-47 TLA)

Mientras sigamos siendo inducidos por el antiguo culto hebreo, las consignas de la tradición Antigua Testamentaria o todo rito o celebración religiosa, seguiremos funcionando como el sacerdote y el levita, negaremos la dirección del Espíritu Santo y no entenderemos la misión y el significado de la verdadera identidad de la Iglesia.

Que somos en este tiempo:
¿Hijos de Dios o de la religión? ¿Ven en nosotros a Jesús?

Declaramos: ¡Se va todo Espíritu de religión... en el Nombre de Jesús!!!

Por una iglesia que no se desentiende del necesitado.
¡¡¡Hagamos correr la voz!!! Los hijos de Dios estamos devuelta...

#Épico #HijosDeLaReligion

26. GENTE TÓXICA

Nadie quiere perder tiempo con gente tóxica, pero de alguna manera todos tenemos algo de esto...

Best Seller de la literatura de esta temática han definido conductas y relaciones en estos tiempos. Amistades virtuales, y todo tipo de redes sociales con posibilidades al bloqueo, son monedas de una misma canasta.

Pero, ¿que es lo que piensa Dios acerca de esto? ¿Que dice la Biblia? ¿Como debemos obrar aquellos que hemos nacido de nuevo?

"No te apresures en tu espíritu a enojarte; porque el enojo reposa en el seno de los necios." (Eclesiastés 7:9 RV1960)

"Si el espíritu del príncipe se exaltare contra ti, no dejes tu lugar; porque la mansedumbre hará cesar grandes ofensas." (Eclesiastés 10:4 RV1960)

"La cordura del hombre detiene su furor, Y su honra es pasar por alto la ofensa." (Proverbios 19:11 RV1960)

"Por tanto, si traes tu ofrenda al altar, y allí te acuerdas de que tu hermano tiene algo contra ti, deja allí tu ofrenda delante del altar, y anda, reconcíliate primero con tu hermano, y entonces ven y presenta tu ofrenda." (Mateo 5:23-24 RV1960)

"Quítense de vosotros toda amargura, enojo, ira, gritería y maledicencia, y toda malicia. Antes sed benignos unos con otros, misericordiosos, perdonándoos unos a otros, como

Dios también os perdonó a vosotros en Cristo." (Efesios 4:31-32 RV1960)

"Confesaos vuestras ofensas unos a otros, y orad unos por otros, para que seáis sanados. La oración eficaz del justo puede mucho." (Santiago 5:16)

Mucha gente bajo ofensas, enojos, iras, mucha falta de perdón.

Necesitamos redefinir relaciones, establecer pautas de convivencia, fortalecer vínculos, sanar heridas o bien ¿dejaremos que lo que la psicología hoy define como toxicidad marque nuestra agenda diaria?

Yo quiero una vida libre de ofensas, de enojos. Yo quiero una vida libre de todos estos estados que ahogan el alma, matan relaciones y afectan la buena estima.

Jesús recluto a personas como nosotros. Lo que hoy definimos como sus discípulos, en aquellos tiempos eran personas con experiencias muy similares a las nuestras, pero con una fuerte determinación de seguirle y comenzar una nueva vida.

Seguir a Jesús demanda morir al pasado, a la vieja vida, a los principios heredados de padres a hijos, matrices de conductas familiares, maldiciones familiares, etc.

Jesús ama a la gente tóxica como yo, como vos. Pero el desafío para sus seguidores hoy es ser y vivir como el vivió...

No podemos ser guiados por la ofensa. No podemos estar atrapados en el enojo. Todo esto es como una planta enredadera que sin prestarle mucha atención va creciendo y asfixia todo lo que va trepando.

¿La solución a todo esto? ¡¡¡Andad en el Espíritu!!! ¡¡¡Sed llenos del Espíritu!!!

Y haced todos los días morir a todas esas emociones, reacciones y sentimientos que vienen de nuestra naturaleza caída, "Adánica", que nos llena de amargura y nos condiciona para seguir avanzando y perdonando, así como Cristo lo hizo por nosotros.

"Digo, pues: Andad en el Espíritu, y no satisfagáis los deseos de la carne."
(Gálatas 5:16)
Hoy podemos ser libres, hoy podemos dejar de ser tóxicos...

Leer Efesios 4:17-32, ¡la nueva vida en Cristo se puede!

"Jesús murió por gente tóxica como yo"

#Épico #GenteToxica

27. SIEMPRE ESTÁS A MI LADO

Puedo cruzar lugares peligrosos y no tener miedo de nada,
porque tú eres mi pastor y siempre estás a mi lado;
me guías por el buen camino y me llenas de confianza.
(Salmos 23:4 TLA)

Interesante declaración del salmista David al expresar con acentuada firmeza que no importan las dificultades si Dios estaba con El.

La esperanza de David no estaba fundada en que las circunstancias cambiaran, tampoco en una vida libre de problemas y complicaciones. Su vida era un sin fin de matices, donde abundaba el dolor, la traición, las dificultades, plasmados en el Libro de los Salmos. Pero el secreto de su fortaleza, frente a sus panoramas cotidianos, estaba en la convicción de que el Señor estaba con El aun en las peores circunstancias.

Jesús mismo nos declaro: "Estas cosas os he hablado para que en mí tengáis paz. En el mundo tendréis aflicción; pero confiad, yo he vencido al mundo." (San Juan 16:33 RV1960)

Mucha gente desilusionada, mucha gente enojada con Dios, al no ver los resultados deseados. Solo por el hecho de creer que Dios es el "genio de la lámpara" que tan solo con frotarla viene a resolver nuestros problemas, dejando de entender que las consecuencias de las malas decisiones del pasado no se borran, pero también, con la certeza que nuestro futuro tiene destino celestial.

He conocido a un sin fin de personas que decían: desde que vine a Cristo no he hallado respuesta ni soluciones a mis problemas. Una mirada tan breve de la vida.

"Dios no nos hace exentos a las tormentas, sino que no garantiza su compañía en nuestra barca".

Yo estoy contigo.

Déjeme recopilar una seria de experiencias de hombres que nos precedieron y atravesaron experiencias de vida que nos dan aire, esperanza frente a la vida que hoy nos toca vivir.

Cada pasaje a mencionar describe situaciones particulares de nuestros "héroes" de la fe que aprendieron a sobrellevar sus realidades, con la certeza de que el Señor estaría allí...

Jacob, por ejemplo, tenia miedo de volver a su casa paterna, al conocer que su hermano había jurado matarle...
"También Jehová dijo a Jacob: Vuélvete a la tierra de tus padres, y a tu parentela, y yo estaré contigo". (Génesis 31:3 RV1960)

Moisés, llamado a regresar a Egipto a liberar a su pueblo de la opresión del faraón, ya que este procuraba matarle...
"Y él respondió: Ve, porque yo estaré contigo; y esto te será por señal de que yo te he enviado: cuando hayas sacado de Egipto al pueblo, serviréis a Dios sobre este monte." (Éxodo 3:12 RV1960)

Josué, atemorizado frente al desafío de introducir a su

nación a la tierra prometida ante el fracaso de su anterior generación muerta en el desierto.
"Mira que te mando que te esfuerces y seas valiente; no temas ni desmayes, porque Jehová tu Dios estará contigo en dondequiera que vayas." (Josué 1:9 RV1960)

Gedeón, llamado a liberar a su pueblo del yugo de los madianitas, se sintió poco frente a la tarea a cumplir...
"Jehová le dijo: Ciertamente yo estaré contigo, y derrotarás a los madianitas como a un solo hombre." (Jueces 6:16 RV1960)

Jeremías, sentía que era inútil su labor de proclamar la Palabra a un pueblo que estaba en contra de El y no le creía...
"Y pelearán contra ti, pero no te vencerán; porque yo estoy contigo, dice Jehová, para librarte." (Jeremías 1:19 RV1960)

El apóstol Pablo, frente al desafío de hablar ante la oposición de los judíos...
"Entonces el Señor dijo a Pablo en visión de noche: No temas, sino habla, y no calles; porque yo estoy contigo, y ninguno pondrá sobre ti la mano para hacerte mal, porque yo tengo mucho pueblo en esta ciudad." (Hechos 18:9-10 RV1960)

Vivimos tiempos donde muchas veces nos conduce el temor, este nos paraliza, nos deja como inútiles. El ataque de pánico a flor de piel, moneda corriente de estos tiempos. Desempleos, enfermedades, violencias, etc... un sin fin de situaciones que nos llenan de angustias.
Ahora, el recordar la afirmación del salmista es una bocanada de aire fresco:
"Tu estarás conmigo..."

Maravillosa expresión en boca de Moisés al decir:
"Si tu presencia no ha de ir conmigo, no nos saques de aquí." (Éxodo 33:15 RV1960)

Hemos dejado de privilegiar su Presencia por dar demasiado relevancia a nuestras dificultades...
¡Dios esta contigo! No lo dudes...

#Épico #AMiLado

28. QUE ABURRIDO ES IR A LA IGLESIA

Podremos ser sinceros alguna vez..., me dijo un adolescente en un campamento. Que aburrido es ir a la Iglesia... afirmó.

Generamos encuentros congregacionales con propuestas atractivas y fascinantes con el único propósito de captar la atención y atraer al público convocado, cuanto más si se trata de adolescentes y jóvenes ...
A diferencia de lo que ocurría en los tiempos de la iglesia iniciada por el Espíritu Santo, donde la gente era atraída por el mover y el testimonio que se producía en aquellos que no decidían ir a la Iglesia, sino ser la Iglesia de Jesucristo.

El congregarnos no es el fin del cristianismo, sino el punto de partida para llevar adelante nuestra misión. Un cristianismo sin misión es religión.
Muchos "cristianos" aburridos, muchos encuentros sin sentidos.

"Porque el anhelo ardiente de la creación es el aguardar la manifestación de los hijos de Dios." (Romanos 8:19 RV1960)
El mundo espera la manifestación de las obras de Cristo a través de sus hijos.

¿Somos hijos de Dios o somos hijos de la religión?

La religión es conducida por las tradiciones, liturgias y programas, los hijos por el Padre. La religión como en el Antiguo Testamento nos sigue conduciendo al Templo, el Espíritu Santo nos conduce a ser la Iglesia en cada lugar donde nos desarrollamos.
¡Hemos aprendido tanto acerca de la intimidad y de entrar en nuestro cuarto y "cerrada la puerta..." que nos olvidamos de ser luz donde mas el mundo nos necesita!

Seguimos buscando a Dios en los templos, seguimos adorando y clamando por su Presencia... pero el ya no habita en templos construidos por manos de hombres, ¡¡¡el esta manifestándose a través de aquellos que están donde esta la verdadera necesidad... Dios habita en ti!!!

Por esto y por mucho mas... ¡Que aburrido es ir a la Iglesia..., pero extraordinario es serlo!

#Épico #QueAburrido

29. CARA A CARA

"Los oídos que me oían me llamaban bienaventurado, Y los ojos que me veían me daban testimonio, Porque yo libraba al pobre que clamaba, Y al huérfano que carecía de ayudador." (Job 29:11-12 RV1960)

Vivimos en tiempos que hemos aprendido a mirar a Jesús, pero hemos descuidado nuestro entorno.
El buen samaritano es un fiel reflejo de lo que estoy diciendo.
Bájate de la rama Zaqueo! Dejemos de ser invisibles para el mundo. Jesús ya nos conoce, el mundo no!
Mucha verticalidad muy poca horizontalidad. Aprendimos muy bien a cerrar nuestra puerta y nos hemos olvidado del mundo.

"Mas Pedro dijo: No tengo plata ni oro, pero lo que tengo te doy; en el nombre de Jesucristo de Nazaret, levántate y anda. Y tomándole por la mano derecha le levantó; y al momento se le afirmaron los pies y tobillos; y saltando, se puso en pie y anduvo; y entró con ellos en el templo, andando, y saltando, y alabando a Dios." (Hechos 3:6-8 RV 1960)
¡A la puerta del templo estaba la verdadera necesidad! No tengo oro ni plata... ¿Que tenemos hoy por ofrecer? ¿Poder de Dios?

En la Biblia encontramos 9 citas que definen esos encuentros de hombres cara a cara con Dios. (Éxodo 33:11;

Deuteronomio 34:10; Números 12:8; Deuteronomio 5:4; Génesis 32:30; Números 14:14; Jueces 6:22; Ezequiel 20:35; 1 Corintios13:12)

Todo impresionante... Pero ¿donde está hoy Jesús? ¿Donde frecuenta?

Necesitamos experimentar que nuestra relación con El es mucho más que una ceremonia de domingo. Que podemos tocarlo, abrazarle, sentirle...

Seguramente como en la antigüedad estos encuentros transformaron a aquellos hombres en otras personas. ¡Sus miradas por la vida ya no serían la misma, sus ambiciones personales quedaron atrás... Solo por esa experiencia extraordinaria! Yo quiero ver a Jesús hoy, seguramente si vos leíste hasta aquí también.

"Y los buenos me preguntarán: "Señor, ¿cuándo te vimos con hambre y te dimos de comer? ¿Cuándo tuviste sed y te dimos de beber? ¿Alguna vez tuviste que salir de tu país y te recibimos en nuestra casa, o te vimos sin ropa y te dimos qué ponerte? No recordamos que hayas estado enfermo, o en la cárcel, y que te hayamos visitado." Yo, el Rey, les diré: "Lo que ustedes hicieron para ayudar a una de las personas menos importantes de este mundo, a quienes yo considero como hermanos, es como si lo hubieran hecho para mí." (Mateo 25:37-40 TLA)

"Por las mañanas ora a Jesús y por las tardes ve a buscarlo en las calles..."
#Épico #CaraACara

30. BELLA PERSONA...

Ella es Bella... no de acuerdo a lo estereotipos de hoy.
Cuantas veces hemos escuchado o aun mencionado tal frase... ¡Que bella persona! Tiene algo, ¿no se que es? Pero es muy bella...
¿Quien no ha tenido una experiencia así con esas personas? Son distinguidos, diferentes, extraordinarios...
Ahora, no es el fruto de un día de spa ni un buen atuendo o trabajo de un coiffeur... se trata de algo mucho mas profundo.

Pensando en esto pude descubrir que ese calificativo, es la belleza interior que trae cada persona como fruto de un trato el cual me gustaría subrayar.

Nadie quiere pasar por momentos difíciles en la vida, nadie quiere obstáculos, problemas. Pero deberíamos preguntarles a estas personas señaladas, distinguidas, si no ha sido el fruto de su escuela, su aprendizaje.

Vivimos tiempos donde celebramos la estética, las posturas y no esta mal, pero hay un valor extraordinario que va mas allá de lo que perciben nuestros sentidos o capturan nuestros ojos, que no se refleja en una pantalla ni se retrata en una fotografía, es la belleza del interior, de un alma trabajada.
Mas allá de las arrugas, de las marcas de la piel, de los kilos de mas, de no ser el mas rápido, de no estar en todos lados, etc., puedes llegar a esta adjetivación si dejas que

cada etapa de la vida te encuentre siendo maleable a manos del creador.

No se trata de apariencias, maquillaje, se trata de la riqueza mas importante que tenemos. ¡El corazón alegre hermosea el rostro! (Proverbios 15:13 RVR1960)

Se feliz, si te encuentras en diversos procesos... El maestro sigue trabajando para que a no mucho tiempo muchos puedan decir también: ¡¡¡¡Bella persona!!!!

El apóstol Pablo hace algunas observaciones y no puedo dejar de mencionarla:

"Estando persuadido de esto, que el que comenzó en vosotros la buena obra, la perfeccionará hasta el día de Jesucristo." (Filipenses 1:6 RVR1960)

"Amados hermanos, cuando tengan que enfrentar cualquier tipo de problemas, considérenlo como un tiempo para alegrarse mucho porque ustedes saben que, siempre que se pone a prueba la fe, la constancia tiene una oportunidad para desarrollarse. Así que dejen que crezca, pues una vez que su constancia se haya desarrollado plenamente, serán perfectos y completos, y no les faltará nada." (Santiago 1:2-4 NTV)

"Por todos lados nos presionan las dificultades, pero no nos aplastan. Estamos perplejos, pero no caemos en la desesperación. Somos perseguidos, pero nunca abandonados por Dios. Somos derribados, pero no destruidos. Mediante el sufrimiento, nuestro cuerpo sigue participando de la muerte de Jesús, para que la vida de Jesús también pueda verse en nuestro cuerpo.
Es cierto, vivimos en constante peligro de muerte porque servimos a Jesús, para que la vida de Jesús sea evidente

en nuestro cuerpo que muere. Así que vivimos de cara a la muerte, pero esto ha dado como resultado vida eterna para ustedes.

Sin embargo, seguimos predicando porque tenemos la misma clase de fe que tenía el salmista cuando dijo: «Creí en Dios, por tanto hablé». Sabemos que Dios, quien resucitó al Señor Jesús, también nos resucitará a nosotros con Jesús y nos presentará ante sí mismo junto con ustedes. Todo esto es para beneficio de ustedes, y a medida que la gracia de Dios alcance a más y más personas, habrá abundante acción de gracias, y Dios recibirá más y más gloria.

Es por esto que nunca nos damos por vencidos. Aunque nuestro cuerpo está muriéndose, nuestro espíritu va renovándose cada día. Pues nuestras dificultades actuales son pequeñas y no durarán mucho tiempo. Sin embargo, ¡nos producen una gloria que durará para siempre y que es de mucho más peso que las dificultades! Así que no miramos las dificultades que ahora vemos; en cambio, fijamos nuestra vista en cosas que no pueden verse. Pues las cosas que ahora podemos ver pronto se habrán ido, pero las cosas que no podemos ver permanecerán para siempre." (2 Corintios 4:8-18 NTV)

#Épico #BellaPersona

31. LA AUTOMATIZACIÓN DE LA VIDA

(Cuando te olvidaste el corazón)

Vivimos tiempos donde la tecnología avanza a pasos acelerados. La robótica desplaza la mano de obra especializada y la automatización de los procesos ocupa el mayor objetivo en todos los empresariados.

Ahora, es bueno saber que esta nueva era trae mejoras en cuanto al perfeccionamiento de todas las cosas, pero el costo no es gratis.

Vemos reflejado en distintas áreas de esta vida, como residuales potenciales, aquellos que están pagando un alto precio por no sincronizar su reloj biológico, académico y tecnológico a las demandas del mercado quedando marginados al costado del camino. Según los expertos en el tema la automatización eliminará 75 millones de empleos para los años 2025.

El valor por lo #Artesanal tiene un exponencial crecimiento en estos tiempos, ya no es mera materia de los anticuarios el coleccionar y reconvertir viejos artilugios de la vida en objetos de incalculables valores, sino que un sin fin de entusiastas artesanos y conservacionistas empeñan su destreza, su dinero y tiempo por conseguir dichos objetos... La vida en estos tiempos se ha abreviado a teclas, botones y clic en pantallas. Todo es virtual, todo esta Online, en la red. Pero así de igual modo ocurre aceleradamente en nuestras relaciones, emociones y sentimientos hacia los demás, pero mucho mas aun con Dios.

¡Debemos hacer un alto!

Podemos leer:

"Dice, pues, el Señor: Porque este pueblo se acerca a mí con su boca, y con sus labios me honra, pero su corazón está lejos de mí, y su temor de mí no es más que un mandamiento de hombres que les ha sido enseñado" (Isaías 29:13 RV1960)

Como en aquel tiempo el profeta declara acerca del peligro de hacer mecánico algo que es tan importante y necesario a la vez. Es ahí, cuando caemos en el error de hacer las cosas por costumbres, por inercia o sin el corazón.

En aquel entonces el pueblo reflejaba conductas y practicas en cuanto al "culto hebreo" pero habían dejado su corazón afuera.

"Yo conozco tus obras, y tu arduo trabajo y paciencia; y que no puedes soportar a los malos, y has probado a los que se dicen ser apóstoles, y no lo son, y los has hallado mentirosos; y has sufrido, y has tenido paciencia, y has trabajado arduamente por amor de mi nombre, y no has desmayado.
Pero tengo contra ti, que has dejado tu primer amor." (Apocalipsis 2:2-4 RV1960)

Yo conozco tus obras... maravillosa frase de Juan, al describir la condición de la iglesia de Éfeso, el cual manifiesta que la mecánica, la automatización de la obra

de Dios había excluido el corazón...
Necesitamos volver del ruido, de las costumbres que nos alejaron del verdadero valor de las cosas. Huir de la mecánica, la inercia y entregar nuevamente el corazón y darlo todo...

EL primer amor... no es solo cosa de nuestra relación con Dios, también de volver a amar aquellas cosas que se han automatizado... (Cónyuge, hijos, trabajo, familia, hobby, etc.)

#Épico #Automatización

32. INDUSTRIA RELIGIOSA

Volvamos a definir el cristianismo, volvamos a redefinir nuestra misión...
¡Estamos tan acostumbrados a hacer las cosas, que ya ni revisamos el modo en que lo hacemos!
Podemos volver a leer al evangelio de Juan en su primer capitulo... ¡Por favor!

"En el principio era el Verbo, y el Verbo era con Dios, y el Verbo era Dios.
Este era en el principio con Dios. Todas las cosas por él fueron hechas, y sin él nada de lo que ha sido hecho, fue hecho. En él estaba la vida, y la vida era la luz de los hombres. La luz en las tinieblas resplandece, y las tinieblas no prevalecieron contra ella. Hubo un hombre enviado de Dios, el cual se llamaba Juan.
Este vino por testimonio, para que diese testimonio de la luz, a fin de que todos creyesen por él. No era él la luz, sino para que diese testimonio de la luz.
Aquella luz verdadera, que alumbra a todo hombre, venía a este mundo.
En el mundo estaba, y el mundo por él fue hecho; pero el mundo no le conoció. A lo suyo vino, y los suyos no le recibieron. Mas a todos los que le recibieron, a los que creen en su nombre, les dio potestad de ser hechos hijos de Dios; los cuales no son engendrados de sangre, ni de voluntad de carne, ni de voluntad de varón, sino de Dios. Y aquel Verbo fue hecho carne, y habitó entre nosotros (y vimos su gloria, gloria como del unigénito del Padre), lleno

de gracia y de verdad. Juan dio testimonio de él, y clamó diciendo: Este es de quien yo decía: El que viene después de mí, es antes de mí; porque era primero que yo. Porque de su plenitud tomamos todos, y gracia sobre gracia. Pues la ley por medio de Moisés fue dada, pero la gracia y la verdad vinieron por medio de Jesucristo.
A Dios nadie le vio jamás; el unigénito Hijo, que está en el seno del Padre, él le ha dado a conocer." (San Juan 1.1-18 RV1960)

Jesús, el Dios encarnado, apareció en la hora mas oscura, bajo la premisa del cumplimiento de palabras dadas a los profetas tiempos anteriores, a los cuales muchos de los maestros de aquellos tiempos reverenciaban, pero no le recibieron...

El Dios encarnado no suplía las necesidades ni expectativas del pueblo de aquel entonces. La situación socio económica del israelita era especial. Estaban bajo el dominio del imperio romano, bajo opresión tributaria y los designios de un emperador tirano.
Ahora, ellos esperaban a un líder que los reivindicara frente a esta condición y no un humanitario y humilde varón con amor hacia sus enemigos.
Esto hacia mucho ruido en el "liderazgo" y no aceptaban tal manera de proceder.

Hoy en día, mucho de lo que hacemos, refleja la falta de sincronismo espiritual, desconocimiento de los principios del Reino. Tan aferrados a las formas y estructuras dejamos afuera al autor y creador de todo. Confundimos el antiguo pacto con el nuevo y aseveramos doctrinas fundadas en la Ley y no en la Gracia de Cristo.
Hacemos una ensalada de dogmas y tradiciones que hasta hay veces que no sabemos donde estamos parados.

Mientras sigamos tan entretenidos en nuestros quehaceres "solemnes" el mundo seguirá aguardando al Cristo que predicamos...

Necesitamos encarnar a un Cristo real, tocable, sencillo, sin tantos artilugios. Mas pendiente de la realidad del prójimo que las necesidades del edificio y los programas.
Necesitamos redireccionar nuestras actividades y agendas hacia afuera y no tanto hacia adentro.
Necesitamos volver a enfatizar que cristianismo sin misión es religión.
Necesitamos establecer una contracultura evangélica, lejos de la industria religiosa, porque los números son alarmantes y la crisis persiste.
Mientras tanto...Cristo quiere manifestarse a diario y no encuentra entre los suyos un lugar donde manifestarse..., Dejémosle actuar a El, el mundo lo necesita...

¡Ah! Quien era el mensajero, Juan el Bautista, era resistido por que su manera de dar la noticia no era "muy prolija", su apariencia no acorde a... y así de igual modo, muchas veces reaccionamos, pesamos o medimos el mensajero y no escuchamos al mensaje...
A los suyo vino, y los suyos no le recibieron...

#Épico #IndustriaReligiosa

33. POR FAVOR, DEJA DE AMAR UN POQUITO A DIOS

"Cierto día, un experto en la ley religiosa se levantó para probar a Jesús con la siguiente pregunta: —Maestro, ¿qué debo hacer para heredar la vida eterna? Jesús contestó: —¿Qué dice la ley de Moisés? ¿Cómo la interpretas? El hombre contestó: —"Ama al SEÑOR tu Dios con todo tu corazón, con toda tu alma, con toda tu fuerza y con toda tu mente" y "Ama a tu prójimo como a ti mismo". —¡Correcto! —le dijo Jesús—. ¡Haz eso y vivirás!"

¿Qué debo hacer para heredar la vida eterna? Amar a Dios y amar a nuestro prójimo... ¿Quien entendió el mensaje? ¿El sacerdote? ¿El levita? ¡No! El samaritano... El que no era puro para el Interprete de la Ley. Pufff...

A lo largo de tantos años hemos entendido y muy bien practicando nuestro amor a Dios, pero hemos descuidado nuestro amor al prójimo...Nuestro cristianismo se ha vuelto aburrido y obsoleto cuando dejamos de establecer cómo prioridad la misión de Jesús.

Dejamos de atender la premisa de amar a nuestro prójimo como a nosotros mismos, y sin querer centramos nuestra mirada en lo vertical descuidando lo horizontal. He indefectiblemente todo esto se vuelve un culto egocéntrico. Hablamos de intimidad con Dios, pero descuidamos la responsabilidad de ser Dios para esta generación, encarnando a Jesús entre los nuestros.

Vuelvo a citar este texto:

"Los que me oían, me elogiaban; los que me veían hablaban bien de mí. Pues yo ayudaba a los pobres en su necesidad y a los huérfanos que requerían ayuda. Ayudaba a los que estaban sin esperanza y ellos me bendecían; y hacía que cantara de alegría el corazón de las viudas." (Job 29:11-13 NTV)

Interesante es que el elogio hacia Job estaba en su labor y cuidado por los más vulnerables.

"Denigrar al prójimo es pecado; benditos los que ayudan a los pobres." (Proverbios 14:21 NTV)

Cuantas veces andamos "pecando" por dejar de hacer lo que tenemos que hacer... Cuantas veces centramos la mirada en nuestros objetivos... Cuantas veces solo somos oidores y no hacedores como dice Santiago 2...

No nos cansemos de hacer el bien... No vivamos un cristianismo centrado en liturgias y ceremonias. Hagamos de nuestro culto a Dios una práctica constante y creciente que se refleje en la vida de nuestro prójimo.

Me ocurrió el año pasado, me encontré visitando a una mujer lisiada, imposibilitada de moverse por sus medios. Después de estar con ella un rato, dedicarle un tiempo me retire, cuando escuche la voz de Jesús diciéndome: -bien Emanuel, hacia tiempo que no te congregabas...
Como dice Hebreos 10.25 "no dejando de congregar como algunos tienen por costumbre" ...

"Pues tuve hambre, y me alimentaron. Tuve sed, y me dieron de beber. Fui extranjero, y me invitaron a su hogar. Estuve desnudo, y me dieron ropa. Estuve enfermo, y me cuidaron. Estuve en prisión, y me visitaron". Entonces esas personas justas responderán: "Señor, ¿en qué momento te vimos con hambre y te alimentamos, o con sed y te dimos algo de beber, o te vimos como extranjero y te brindamos hospitalidad, o te vimos desnudo y te dimos ropa, o te vimos enfermo o en prisión, y te visitamos?". Y el Rey dirá: "Les digo la verdad, cuando hicieron alguna de estas cosas al más insignificante de estos, mis hermanos, ¡me lo hicieron a mí!". (Mateo 25:35-40 NTV)

Cuando amemos a nuestro prójimo... ¡El cristianismo dejará de ser "obsoleto y aburrido" y el evangelio volverá a ser una buena noticia!

Por esto y mucho más te pido: ¡¡¡Por favor...sin dejar de amar a Dios, comienza a dedicar un tiempo especial en amar a tu prójimo!!!

Hagamos correr la voz...

¡Déjeme gritar una verdad incómoda!

La gente necesita sentirse plena... Los cristianos llenarse... ¿Para que?
Sabemos mucho de teología, pero cada vez menos del vecino.
Conocemos cada domingo una nueva canción, pero cada vez menos de la necesidad de nuestro hermano.
¡Establecemos tiempos de ayuno y oración y no actuamos

de acuerdo a las necesidades del momento!

El profeta Isaías, es el profeta más resistido en el Antiguo Testamento, reivindicado por Jesús al citarlo al comenzar su ministerio (Lucas 4:18)

¡Deje que el mismo profeta nos ponga en sintonía con el corazón de Jesús en esta ocasión al decir una verdad incómoda en cuanto a las muchas ceremonias y prolijidades del antiguo culto y la necesidad de reivindicar el verdadero espíritu del evangelio!

Si la Iglesia no se contextualiza, si no identifica la voz del Espíritu seguiremos practicando un montón de reuniones más pero el mundo ignorará la verdadera misión cristiana. Pronto nos volveremos museos...

"¡No! Esta es la clase de ayuno que quiero: pongan en libertad a los que están encarcelados injustamente; alivien la carga de los que trabajan para ustedes. Dejen en libertad a los oprimidos y suelten las cadenas que atan a la gente.

Compartan su comida con los hambrientos y den refugio a los que no tienen hogar; denles ropa a quienes la necesiten y no se escondan de parientes que precisen su ayuda. Entonces su salvación llegará como el amanecer, y sus heridas sanarán con rapidez; su justicia los guiará hacia adelante y atrás los protegerá la gloria del Señor. Entonces cuando ustedes llamen, el Señor les responderá. "Sí, aquí estoy", les contestará enseguida". (Isaías 58:6-9 NTV)

Ayúdanos Jesús a despertar!!!

#Épico #DejaDeAmarUnPoquitoADios #AmorAlProjimo

34. EL DESGASTE

Puede envejecer el templo, pero no el espíritu...
La ciudad de Buenos Aires, al igual que las grandes capitales del mundo tienen detalles coloridos y pintorescos en sus construcciones que la hacen sobresalientes por sus estilos. Personalmente me encanta la arquitectura de las grandes Iglesias, catedrales y monumentos históricos de mi país. Sus diseños y sus detalles hablan de grandes inversiones de dinero, exhaustivo trabajo y refinamiento no solo en materiales sino también en calidad de mano de obra. Con el paso de los años, esas majestuosas construcciones seguramente han demandado un gran caudal de recursos para su mantenimiento y preservación.

El transcurso del tiempo y la erosión provocada por los cambios climáticos dejan marcas imborrables en cualquier estructura, por más fuerte que esta sea.

Así ocurre con nuestra vida, el paso del tiempo, el avance de los años deja marcas, cicatrices, heridas que, sino son tratadas o atendidas, serán evidenciadas y estarán a la vista de todos.

Martín Lutero dijo: "Reforma, siempre reforma" frase celebre que quedo grabada en la historia de la cristiandad.

Podemos reconocer que el estilo de vida en estos últimos años viene cambiando muy rápido. Un aceleramiento estrepitoso, donde hay una vorágine continua por no solo actualizar nuestro estado de red social, (Facebook,

Instagram, Twitter, etc.), sino continuas aplicaciones de nuestros elementos tecnológicos, que nos meten en un estado continuo de estrés sino sabemos manejarles.
El caudal de información diaria que recibimos hoy se asemeja al nivel de información que nuestros antepasados recibían en 50 años. Esto es vertiginoso y abrumador.

No podemos ir en contra de estos "avances" y cambios de épocas, sino que podemos aprovechar a y "surfear estas olas "que nos conducirán a nuevas plataformas. Reconociendo que no podemos producir las olas, pero si podemos aprovecharlas.

La mayoría de las crisis que atravesamos como seres humanos son a causa de no saber manejar los cambios hormonales, las emociones ni interpretar los tiempos.
Esto no dista de la realidad de la Iglesia, que siendo conducida por hombres de Dios que envejecen y junto a ellos envejecen los asistentes o miembros y por consiguiente envejecen o caducan los programas.

Desde hace un tiempo la Iglesia ha procurado estar a la altura de la realidad. En muchos casos produciendo un sin fin de cambios estructurales, escenográficos, marquesinas, etc. Así de este modo invertimos comprando sistemas de sonidos e iluminación, cambiando los antiguos bancos por cómodas sillas o butacas, poniendo pantallas digitales, etc. y esto esta muy bueno. Pero no podemos ignorar que la mas grande actualización diaria que no debemos descuidar, la que nos mantiene vivos, despiertos, vigentes, es la comunión intima, profunda y acalorada con el Espíritu Santo. Quien desea vigorizarnos y ponernos a las alturas de las necesidades que este mundo grita hoy.

"Todavía estoy tan fuerte como el día que Moisés me envió; cual era mi fuerza entonces, tal es ahora mi fuerza para la

guerra, y para salir y para entrar.
Dame, pues, ahora este monte, del cual habló Jehová aquel día; porque tú oíste en aquel día que los anaceos están allí, y que hay ciudades grandes y fortificadas. Quizá Jehová estará conmigo, y los echaré, como Jehová ha dicho." (Josué 14:11-12 RV1960)

Caleb, es quien mejor representa esto. Un varón que supo relacionarse con Dios mas allá de el paso de los años y supo ser el instrumento para la liberación y conquista de lo que Dios ya le había entregado.

Puede envejecer el templo, pero no el Espíritu.

Reedifiquemos los edificios, cambiemos sus colores, utilicemos pantallas y luces, pongamos el mejor sonido, "pensemos y re definamos" cada día Su Obra, pero no descuidemos la comunión de aquel que es el creador, ideólogo y financista de la Iglesia...

Ten presente que no hay métodos santificados.
No descuidemos nuestra relación mas importante, nuestra relación con el ESPÍRITU SANTO.
#Épico #ElDesgaste

35. ESO QUE LLAMAN AMOR...

En las señales antes del fin, Jesús dice:

"Y por haberse multiplicado la maldad, el amor de muchos se enfriará. (Mateo 24:12 RV1960)

Me llamo la atención una frase pintada en la esquina porteña de las calles Maza y Humberto Primo, de la ciudad de Buenos Aires

"Eso que llaman Amor es trabajo no pago"

Ahora, noto que vivimos en una sociedad egoísta, egocéntrica, totalmente centrada en intereses personales descuidando la necesidad "ajena", el contexto, el entorno y olvidando la empatía.

Cada vez se ven menos actitudes altruistas, obras benefactoras y tareas desinteresadas. Todo gira entorno a lo que "me beneficia o me genera ganancias".
 Los intereses comunitarios sucumben a los personales. Así de este modo vemos una sociedad fragmentada, clasista y dividida.

Yo crecí en una comunidad que se ayudaba mutuamente, donde la necesidad del otro era mía. Así se fundo la cristiandad, donde dirigida por el Espíritu Santo, nadie decía tener necesidad de nada... (Hechos 4:32-37)

Esto pareciera una utopía, ¡pero no! ¡Quien es dirigido por el Espíritu Santo no vive ajeno a su prójimo!

Frente a esta realidad podemos tomarnos de las palabras de Pedro:

"Y, ante todo, tened entre vosotros ferviente amor; porque el amor cubrirá multitud de pecados" (1 Pedro 4:8)

No hay mayor pecado que desentenderse de la obra que Dios te puso adelante.

Podría seguir escribiendo muchas citas bíblicas y traer a mención experiencias propias y ajenas, pero no tengo mucho tiempo por perder... me voy a seguir sembrando amor, aunque para este mundo... ¡es trabajo no pago!

¡Dios te bendiga!

#Épico #EsoQueLlamanAmor

36. LIDERES SOBRAN...

(Señor, manda obreros)

Leemos en Mateo 9:35-38 RV1960

"Recorría Jesús todas las ciudades y aldeas, enseñando en las sinagogas de ellos, y predicando el evangelio del reino, y sanando toda enfermedad y toda dolencia en el pueblo.
 Y al ver las multitudes, tuvo compasión de ellas; porque estaban desamparadas y dispersas como ovejas que no tienen pastor.
Entonces dijo a sus discípulos: A la verdad la mies es mucha, mas los obreros pocos. Rogad, pues, al Señor de la mies, que envíe obreros a su mies".

Ahora necesitamos contextualizar este relato a nuestra realidad...

Vivimos escenarios proclives al egoísmo, individualismo, tiempos de Selfie. Tiempos de hombres amadores de si mismos.

La Iglesia de Jesús necesita volver al origen, volver a entender que lo importante del "culto" no se encuentra en una plataforma ni un púlpito, sino en que la obra de Dios esta mas allá de nuestras comodidades, nuestros anhelos personales y del reconocimiento.

El glamour, la etiqueta, el perfume, el maquillaje es para la industria, para Hollywood, donde todo es excentricidad, vanidad, posición, etc.

¿Que piensa Jesús en cuanto esto?

"Mas entre vosotros no será así, sino que el que quiera hacerse grande entre vosotros será vuestro servidor, y el que quiera ser el primero entre vosotros será vuestro siervo; como el Hijo del Hombre no vino para ser servido, sino para servir, y para dar su vida en rescate por muchos". (Mateo 20:26-28 RV1960)

Es tiempo de volver al servicio, a "ensuciarnos las manos", de volver al fuenton y toalla. (San Juan 13) Es tiempo de entender que, en este REINO, EL MAYOR no es el mas visible en la plataforma, sino el SIRVIENTE que esta detrás del cortinado preparando las viandas para los necesitados.

Mateo 9:35-38 (Revisión Emanuel Picone, Siglo 21)

"Recorría Jesús todas las ciudades y localidades, enseñando en las Iglesias de ellos, y predicando el evangelio del reino, y sanando todo egoísmo y toda crisis de identidad en el pueblo.
Y al ver las multitudes de los "cristianos" en los recitales, congresos, seminarios, tuvo compasión de ellas; porque estaban desamparadas y dispersas como ovejas que no tienen pastor.
Entonces dijo a sus discípulos: A la verdad las propuestas son muchas, mas los hermanos con corazón de siervos pocos.
Rogad, pues, al Señor de la iglesia, que envíe obreros a su Iglesia, ya que liderazgo sobra". (énfasis del autor)

Hoy abundan muchos líderes, pero se necesitan obreros.
Hoy hay muchas escuelas de formación de líderes, pero se les olvida de entregarles el uniforme, el overol, el

mameluco, es decir, el atuendo del obrero.

Se necesitan líderes, pero no conforme a la mirada del este mundo.

¡Entendemos que el líder influencia en otros, pero es el liderazgo de Jesús el que vivimos y practicamos! Todo lo demás es empresariado...

¡Vamos, Jesús te necesita obrero!

#Épico #LideresSobran #Obreros

37. NO ES, ES

No es para los cristianos musculosos que han hecho de Superman, y no de Jesús, su héroe.

No es para los académicos que buscarían encerrar a Jesús en la torre de marfil de la exégesis.

No es para los ruidosos, los buenos tipos, que manipulan el cristianismo haciendo de el un simple llamado a la emoción.

No es para los místicos de incógnito que buscan magia en su religión.

No es para los cristianos que viven solos en la cima de la montaña y jamás han visitado el valle de la desolación.

No es para los que no sienten temor, para los que no lloran.

No es para los defensores celosos de la doctrina que hacen alarde junto al joven rico que dijo: "He guardado todos estos mandamientos desde mi juventud".

No es para los complacientes que cargan al hombro la mochila de honores, diplomas y buenas obras que les hacen creer que han alcanzado la victoria.

No es para los legalistas que prefieren rendir el control de sus almas a las reglas, en lugar de correr el riesgo de vivir en unión con Jesús.

Es para el quebrantado, el herido, el agotado.

Solo es para los que llevan la penosa carga encima, y cambian de mano la pesada valija buscando equilibrar el peso.

Es para los de rodillas débiles, para los enclenques que saben que aun no lo han logrado, pero cuyo amor propio les impide aceptar el regalo de la inigualable y sorprendente gracia.

Es para los incoherentes y poco estables discípulos que han perdido sus cabales.

Es para los pobres, los débiles, los hombres y mujeres pecadores con defectos hereditarios y talentos limitados.

Es para las vasijas que avanzan sobre pies de barro.

Es para el doblegado, el herido, que siente que su vida desilusiona a Dios.

Es para los inteligentes que saben que son estúpidos, sinceros discípulos que admiten que son unos bandidos.

Es para mi y para todos aquellos que han llegado a sentirse desalentados y cansados a lo largo del Camino.

LA GRACIA DE CRISTO.

#Épico #NoEs #LaGraciaDeCristo

38. APARIENCIAS

Una vida editada, una vida de mentira...

¿Cuanto hace que no subes o publicas una foto sin editar? Vivimos en un tiempo donde el Photoshop es moneda corriente. Editores de simple uso son los que retocan las miles de fotos de perfil a diario.
Una sociedad que maquilla lo superficial y temporal, pero descuida lo profundo y eterno.
Un mundo de apariencias nos hace creer que todo es imagen y descuidamos lo que es importante y relevante. Claro, total hay que fingir...

Ahora, detente un instante, piensa, hay belleza en la simpleza y en lo espontáneo, no hay que editar lo genuino y transparente. El que dice la verdad nunca tiene que recordar lo que dijo. Nunca tiene que hacer memoria.

Es tiempo de realzar lo que la sociedad maquilla y esconde. Se extraordinario, marca la diferencia, vive la simpleza, alégrate con lo que eres, no trates de impresionar, disfruta lo pequeño y aun lo poco que tienes, porque Dios no mira como mira el hombre, Dios mira el corazón.

Eso si, embellece tu corazón, ¡porque de ahí nace la vida!

"Sobre toda cosa guardada, guarda tu corazón; Porque de él mana la vida." (Proverbios 4:23 RV1960)

Los premios a los sobresalientes o ejemplares, generalmente, son premios que se dan a personas por actividades o destrezas distinguidas.
Ahora que bueno es que pudiéramos celebrar y premiar a aquellas personas que desde el anonimato hacen buenas obras de servicio.
Descubrí este pasaje que se escribió, que me hizo dar cuenta que las buenas obras se presentan en muchas formas.

"Pero Dios le dijo: «Samuel, no te fijes en su apariencia ni en su gran estatura. Éste no es mi elegido. Yo no me fijo en las apariencias; yo me fijo en el corazón". (1 Samuel 16:7 TLA)

Las apariencias nos han confinado a vidas maquilladas, llenas de presiones personales y sociales por querer sobresalir para alcanzar posición, status, etc. diversas formas y modos de expresar... "Aquí estoy"

Hay una grandeza olvidada...

La grandeza no reside en ser fuerte, sino en usar correctamente la fuerza.
El mas fuerte es quien cuya fortaleza inspira a mas corazones con el buen ejemplo.
Hay una fortaleza silenciosa en tu vida que inspira a muchos corazones.
Quizás te sientes ordinario y cargando un sin fin de apariencias, pero no eres ordinario, y todos merecemos una ovación de pie al menos una vez en la vida. Tus amigos, maestros, tus padres, tus hijos, tus hermanos, tu cónyuge, todos la merecen.

Se amable, porque todos están enfrentando una batalla.
Y si realmente quieres saber como es la gente, lo único que

debes hacer es mirar como un extraordinario, porque así mira Dios.
No mires las apariencias, aprende a mirar el corazón...

#Épico #Apariencias

39. HONESTIDAD

¿Te has puesto a pensar en el maquillaje que usas a diario, las máscaras que portas y vestidos que usas?
Vivimos aparentando lo que muchas veces no somos, simplemente por el temor de no ser aceptado o por la premisa de ser todo lo que el entorno espera que seamos.
Y así vamos, así funcionamos y así y así...
Déjame ser libre de los estereotipos establecidos.
Déjame ser todo lo que yo se que soy, sin ser todo lo que tú pretendes que yo sea...
Cada uno carga un dilema constante de suplir muchas veces con las expectativas de su entorno, mandatos familiares, etc. En fin, un sin número de ideales impuestos y proyectos ajenos.

¿Cómo subsistir ante las demandas personales, familiares?
¿Cómo liberarse de las presiones del mercado, presiones de la industria y lograr la identidad genuina?
¿Como tener una estima resuelta sin negociar verdades eternas?

Vive de tal modo que, todo lo que creas, pienses o hagas realce tu verdadera identidad y tu saludable estima.

Vive honestamente.
¡Se genuino contigo mismo!

#Épico #Honestidad

40. JESÚS, EL ORDINARIO

"A lo suyo vino, y los suyos no le recibieron." (San Juan 1:11 RV1960)

Apareció el Rey de Gloria, sin Gloria...
Un día como hoy, un día en el que la maquinaria funcionaba aceitada, el sistema no paraba y la oratoria religiosa especialista en todo tipo de temática ocupaba todos los estrados de por aquel entonces... ¡Apareció Jesús!
¿Lo esperaban? ¿Como lo esperaban? ¿A quien esperaban?

Escandaloso mensaje del apóstol Juan: "... no lo recibieron"

Hoy ocuparía la tapa de todos los portales y medios de comunicación.
Aquel por quien predicaban, aquel por quien profetizaban no fue recibido, no prepararon una alfombra roja de gala, sino un camino de espinas hacia la cruz del Calvario.

Déjenme rasgar mis vestiduras, déjenme gritarlo a los cuatro vientos: "El Rey sin gloria, el Rey sin protocolo ni ceremonial irrumpió la historia, atravesó la religión organizada, el culto y la ceremonia y dejo un mensaje de Amor. Esto es Épico.

Me entristece y preocupa la falta de capacidad de representar el evangelio en los tiempos que vivimos...
Cuando Jesús vino, el fue totalmente "ordinario" en el contexto que se manifestó.

"Luego vine yo, el Hijo del hombre, que como y bebo, y ustedes dicen que soy un glotón y un borracho, que soy amigo de gente de mala fama y de los que no obedecen a Dios. Pero recuerden que la sabiduría de Dios se prueba por sus resultados." (Mateo 11:19 TLA)

Quiero estar lo suficientemente despierto ante su presencia manifiesta cada día a través de su amor.

No quiero alejarme de su caminar, quiero estar donde se huele mal, donde hay descontrol y la liturgia no llega.
Amigos de borrachos, prostitutas, homosexuales, drogadictos, estafadores, transgresores, políticos, barras bravas, etc. etc., etc...
Déjenme ser como Jesús, déjenme ser "ordinario", pero amar como solo El ama, como solo El me amo.
¡Si! Aunque muchos trazan objetivos con alcances extraordinario, lo único que es relevante y eterno es lo que nace de un corazón que es dirigido por Jesús

Fue ordinario el pesebre donde nació, la familia en que se crió.
Fue ordinario la manera en que se vistió y el oficio que desarrollo.
Fue ordinario en sus relaciones y amistades.
Fue ordinario su modo de vida y la sencillez con que se movió.
Pero fue extraordinario al dar su vida en la cruz del calvario y al tercer día resucitar y hoy ser Señor de señores y Rey de reyes.

¡Jesús, puede ser ordinario para los religiosos, pero es extraordinario para mi!

#Épico #JesúsOrdinario

UNA PALABRA FINAL

Llegamos. Un sin fin de sensaciones y emociones... Un cúmulo de experiencias nos han traído hasta aquí. ¡Y esto es bueno! No vamos a mirar hacia atrás, pondremos nuestros ojos en lo que viene. Ajustaremos nuestra intima relación con el Señor y caminaremos de su mano.

No te des por vencido ni aun vencido... Sigue empujando, sigue intentando. Dios esta contigo, eres único y tienes un propósito.

Dios esta llamando a los distintos, poniendo inconformidad en sus corazones. Anímate a ser parte, ¡te necesitamos! Recuerda: Eres ÉPICO y marcaras ÉPOCA!!!

Me gustaría saber de ti... Escríbeme.
emanuelpicone@hotmail.com

Dios te bendiga.

MÁS LIBROS DEL AUTOR

Cristianismo Inteligente
Harto de Religión
Instinto de Conquista